日本一ハッピーな研修講師が伝える

チームワークがぐんぐん高まる

# 保育の
# ハッピー
# ワーク50

三原勇気 著

中央法規

## ‥‥‥ はじめに ‥‥‥

　「子どもたちの笑顔の源は、一人ひとりの保育者である」と、私は考えます。なぜなら、人的環境の影響力は大きく、保育者同士の人間関係も子どもたちは敏感にキャッチすることができるからです。

　こう考えるようになったきっかけは、自分自身の保育現場での経験です。クラス内の保育者同士でコミュニケーションが不足し、"張り詰めた空気感"でいると、子どもたちはまるで心の目ですべてを見ているかのように、注目行動を繰り返していました。

　反対に、保育者同士でコミュニケーションを密に取り合って、"やわらかな空気感"でいると、子どもたちは安心して自分の遊びや生活に取り組んでいるように感じました。
　保育者同士の人間関係の大切さを子どもたちから学んだ瞬間です。

　「東京都保育士実態調査」（東京都福祉保健局令和元年5月）では、保育士の退職理由について、"職場の人間関係"が最も高い割合を占めています。保育者の笑顔や保育者同士の人間関係は、組織としての働きやすさや人材の定着にもつながっていくといえます。

　私は、保育士として現場で働いた後、株式会社ぎゅぎゅっとハッピーを設立し、年間3000人以上の保育者の皆さんに、チームワークを高める対話型の研修プログラム「ぎゅぎゅっとハッピー研修」を実施しています。そこで感じるのは、皆さんのあたたかな保育への想い。その想いを対話のなかで分かち合えた瞬間の喜びです。

　保育者同士でより対話を深めて、認め合い、分かち合い、高め合ったパワーで保育にさらに還元していく……。そんなハッピーな循環を作りたいと思い、この本を執筆いたしました。
　この本には、保育現場の課題（＝伸びしろ）に合わせたオーダーメイドの研修を実施するなかで生まれた、たくさんのオリジナルワークを掲載しています。忙しい保育現場で活用いただけるよう、職員会議の議題の1つに入れられる10〜30分程度のワークを取り揃えました。
　皆さんの園に合ったワークの実践を通して、本書が園内のハッピー循環につながる一助となりましたら幸いです。

2025年2月　三原勇気

# 本書の使い方

本書は見開き2ページで園内研修の1単元がまるっと完結できることが特徴です。
左ページには目的や所要時間、時間配分、進行方法などが載っています。右ページはそのまま使えるワークシートです。

**所要時間**
ワークのトータルの時間です。いつ園内研修を行うかを考える際の参考にしてください

**おすすめ人数**
ワークに適した人数の目安です。1人で取り組めるワークも多数あります

ワークに取り組む前の導入動画が見られます

**目的**
ワークを通して最終的に成し遂げたい状態です。毎回冒頭でシェアしてください

**ワークのトリセツ**
ワークを使った基本的な進行の流れです。状況に応じてアレンジOK です

**目安時間**
プログラムのまとまりごとに目安時間を記載しています。進行の際の参考にしてください

---

## もっと職員同士の理解が深まる
### 価値観発掘ワーク

**所要時間** 20分

**おすすめ人数** 3人以上

### 目的
- 大切にしている価値観を**言語化**する
- 対話を通して、**お互いの理解**を深める

### 準備物
- ワークシート（人数分）
- 筆記用具

### さらに効果的に行うためのハッピーポイント
- 正解も不正解もないことを参加者が感じられるようにする
  → 「どの価値観も大切で、どれを選んでも素敵♥」というメッセージを伝える
- 1対1の対話の時間では、聴き手は聴くことに徹する
  → 話したくなる気持ちをグッとこらえて、聴くことに集中する

### ワークのトリセツ★

| | | 目安時間 |
|---|---|---|
| チェックイン | ❶「今日の保育で楽しかったこと」を2人1組で話す（2分）<br>❷ 目的を確認する | 4分 |
| ワーク記入 | ❸ 30の価値観項目から3つ選ぶ（1分）<br>❹ 理由・背景・エピソードを書く（2分）<br>＊「キーワードで簡単な記入でOK」と伝える | 3分 |
| 対話実施 | ❺ 進め方を確認する<br>❻ 対話する<br>Aさんが話す Bさんが聴く＜2分＞ → Bさんが心に残ったことを話す＜1分＞ → お互いに話す＜1分＞<br>次はBさんが話し手となり繰り返す | 10分 |
| 振り返り<br>チェックアウト | ❼ ワークをやってみた感想を全体でシェアする | 3分 |

62

ワークの記入や対話を通して楽しく学び合うことができます。10分から取り組めるワークもあるので、急にできたスキマ時間や職員会議の議題の1つとして気軽にトライしてみてください！

**準備物**
ワークによっては、グループで1つのワークシートを共有するものもあります

● 意見が対立しがち ●

このワークにピッタリの**園や保育者の課題**です

## 価値観発掘ワーク

取り組む**ワークシート**です。基本的に上から順に進めていきます

● 子どもたちとかかわる中で特に大切にしていることを、直感で**3つ**選んで丸をつけてください！

| 自主性・主体性 | 受容・共感 | 素直・正直 | 生活習慣 | 感情の共有・表現 | 見通し・計画 |
|---|---|---|---|---|---|
| ルール・道徳性 | 自尊心・自己肯定感 | 冒険・挑戦 | 多様な体験 | 多様性・個性 | 尊重・感謝 |
| 丁寧さ | 観察・原因分析 | 信用・信頼 | 遊びこむ・充実感 | 五感の刺激 | 自然・生命尊重 |
| 創造性 | 臨機応変・柔軟性 | メリハリ | 楽しさ・ワクワク感 | コミュニケーション | 自立・できることを増やす |
| 協調性 | 好奇心・探究心 | 愛情・愛着 | たくましさ・忍耐 | 教える | 引き出す |

第**3**章 お互いを知ろう〜話し合う・認め合う〜

● どうしてそれを選びましたか？
（理由・背景・エピソードなど。キーワードでもOK）

..................................................
..................................................
..................................................

本書では書ききれなかった**解説動画**が見られます

ゆうちゃんが右端で暴れながら皆さんを見守っています(笑)パラパラとめくってみるとお楽しみが…♥

63

v

# 目次

はじめに
本書の使い方

## 第 1 章　園内研修の充実度を高めるためには

**1** 研修を行ううえでの３つの壁 ........................................... 2
**2** 研修実施者の心構え ........................................... 4
**3** 実体験での学びが重要 ........................................... 7
**4** 人間関係をアップデートする　ぎゅぎゅっと７サイクル ........................................... 8
**5** ファシリテーション３つの技法 ........................................... 10
**6** 豊かなコミュニケーションが生まれる園内研修の基本構成 ........................................... 13

## 第 2 章　自分を知ろう　〜振り返る・言葉にする〜

園にピッタリの研修ワークの見つけ方 ........................................... 16

● 自信がもてず自己表現が苦手 ●

• もっと仕事が進めやすくなる　〜自己理解するするワーク〜　▶動画 ........................................... 18
• もっと想いを伝えられるようになる　〜ワンメッセージ言語化ワーク〜　▶動画 ........................................... 20
• もっと自分の傾向を理解できる　〜思考の癖 発見ワーク〜 ........................................... 22
• もっと自分を出せるようになる　〜自分としゃべろうワーク〜 ........................................... 24
• もっと保育を楽しめるようになる　〜べきべき発見ワーク〜　▶動画 ........................................... 26
• もっと前向きな気持ちになれる　〜短所のリフレーミングワーク〜 ........................................... 28
• 自分の心を癒す　〜自分へのラブレター♥ワーク〜 ........................................... 30

● 自分の目標・やりたいことが曖昧 ●

• もっと保育のモチベーションが高まる　〜保育の原点ほかほかワーク〜 ........................................... 32
• 仕事への積極性が高まる　〜頑張ってる！YEAHワーク〜 ........................................... 34
• 新しい保育アイデアを生み出す　〜ぶっとび質問ワーク〜　▶動画 ........................................... 36
• 自己成長を叶える　〜ぎゅぎゅっと実現シート〜 ........................................... 38
• 行動計画がすらすら立てられる　〜わくわく目標設定シート〜　▶動画 ........................................... 40
• 職員会議の質を高める　〜職員会議さくさくシート〜 ........................................... 42

**コラム** ＼ぎゅぎゅっと／ **相談室** 反発があったら、どうする？ ........................................... 44

# 第 3 章　お互いを知ろう ～話し合う・認め合う～

園にピッタリの研修ワークの見つけ方 ……………………………………… 48

● 意見があまり出てこない ●
- もっとお互いのことを知る ～他己紹介ワーク～ ……………………… 50
- 仕事への積極性が高まる ～ねぎらいメッセージワーク～ …………… 52
- もっとチャレンジ精神が高まる ～失敗のリフレーミングワーク～ ▶動画 54
- もっと強みを活かした保育ができる ～好き・得意共有シート～ ▶動画 56
- もっと業務を効率化できる ～業務優先度かくにんワーク～ ▶動画 58

● 意見が対立しがち ●
- もっと他者との信頼関係が深まる ～傾聴スタートアップワーク～ …… 60
- もっと職員同士の理解が深まる ～価値観発掘ワーク～ ▶動画 62
- もっと園への愛が深まる ～理念じゅわっと浸透ワーク～ …………… 64
- もっと園の一体感が生まれる ～理念さくっと実践ワーク～ ▶動画 66
- もっと職員同士の関係性が深まる ～理想の関係性ワーク～ ………… 68
- もっと職員のチームワークが高まる ～ステキなところ発見ワーク～ ▶動画 70
- もっと職員同士の助け合いが増える ～気づいてくれてありがとう♥ワーク～ …… 72
- もっと職員同士で応援し合える ～ビジョン言語化ワーク～ ▶動画 74
- もっと職員同士で応援し合える ～ぎゅぎゅっと応援カード～ ▶動画 76

● 保育がワンパターンになりがち ●
- 楽しみながら創造力を高める ～遊びを生み出そう！ワーク～ ▶動画 78
- もっと園の強みを活かした保育ができる ～園内かがやき発見マップ～ …… 80
- もっと子ども目線の企画を考案できる ～子どもどまんなかワーク～ ▶動画 82
- 新しい保育アイデアが生まれる ～保育アイデア爆発ワーク～ ……… 84

  コラム \ぎゅぎゅっと/ 相談室 うまく伝わらなかったら、どうする？ …… 86

## 第 **4** 章 違いをつくり出そう
### ～学びを見つける・小さな一歩を決める・やってみる～

園にピッタリの研修ワークの見つけ方 ……………………………………… 90

● **園の欠点に意識が引っ張られている** ●
- 園の課題を前向きに洗い出す ～課題深掘りワーク～ …………………… 92
- 園の課題を解決する思考を育てる ～とらえ方アップデートワーク～ ▶動画 …… 94
- 園の課題を解決する方法を生み出す ～わくわく作戦ねりねりワーク～ …… 96

● **保護者とのかかわり方につまずいている** ●
- もっと保護者との関係性を深める ～理想の関係性ワーク～ ▶動画 …… 98
- もっと保護者から信頼されるようになる ～信頼感アップっぷワーク～ …… 100
- 保護者へのよりよい伝え方を検討・実践 ～ロールプレイワーク～ …… 102

● **保育のとらえ方がバラバラ** ●
- もっと言葉かけの引き出しが増える ～言葉かけ ぽかぽかワーク～ …… 104
- 人権意識を高める ～人権あるでないで ワーク～ ……………………… 106
- 具体的な行動につなげる ～人権こうしよう！ワーク～ ▶動画 …… 108
- よりよい保育のヒントを見つける ～園内まるっと発見シート～ …… 110
- もっと子ども理解を保育に活かす ～胸が痛んだかかわりワーク～ …… 112
- もっと心地よい保育を実現する ～心地よさってなんだろう？ワーク～ …… 114
- 心地よい言葉かけが日常化する ～心地よい保育 具体化ワーク～ …… 116

● **気づいたことを伝え合えない** ●
- もっと本音を引き出し合える～傾聴実践ワーク～ ▶動画 …… 118
- もっと言葉を受け取ってもらえる～プラスの言い換えワーク～ ▶動画 …… 120
- もっと安心安全な雰囲気になる～話しやすさアップっぷ作戦ワーク～ …… 122
- もっと連携がうまくいく～あ・うんの呼吸 ワーク～ …………………… 124
- 言いづらいことも伝え合える～アサーティブな伝え方共有ワーク～ …… 126
- どんなことも伝え合える～アサーティブなロールプレイワーク～ ▶動画 …… 128

**コラム** \ぎゅぎゅっと/ **相談室** さらに対立が深まったら、どうする？ …… 130

おわりに
著者紹介

# 第 1 章

## 園内研修の充実度を高めるためには

# 1 研修を行ううえでの3つの壁

## ❶ 時間の壁

　管理職の先生方も現場の先生方も、よりよい園運営・クラス運営について日々考えていらっしゃると思います。でも、申し送りやヒヤリハットの共有、行事の準備など、すべきことが盛りだくさんで、園やクラスとして重要な課題があっても、なかなかそれらに取り組む時間がないのが現状ではないでしょうか。

　長期的な視点に立つと、園として大切なのは、よりよい保育や人材が定着する組織づくりです。「時間の壁」を乗り越えるために、短時間でも課題に取り組めるような研修を積み重ねていけるとよいでしょう。

## ❷ 認識の壁

　「何のために研修をするのか」を研修の主催者と参加者とが理解できていないと、主体的な参加や学びは生まれません。「そもそもなぜ研修をするのか」「どういう背景があるから研修が必要なのか」を事前に双方が理解することが重要です。

　園内研修は開催を事前周知する場面から始まっています。研修開催前と研修の冒頭でしっかりと研修の目的を伝えていくことが、それぞれの認識のズレをなくし、研修の効果を高めていくことにつながります。

## ❸ 進行の壁

　園内研修を進めるにあたって、「やり方がわからない」「進行に自信がない」という声をたくさん聞きます。保育者の養成課程に、研修講師としてのノウハウや実演はありませんよね。

　課題に合った内容の選定、時間配分、進め方、意見を出しやすくする問いかけなど、研修を進めるにあたって不安材料は多岐にわたると思います。進行に係る業務的・精神的な負荷はなるべく下げて、課題や職員と向き合う時間に充てたいところですよね。

# 2 研修実施者の心構え

## ❶ 話しやすい雰囲気の源は自分

皆さんが「この人なら安心して話ができる」と思う人はどんな人ですか？

保育者向けのチームワークを高める対話型研修・ぎゅぎゅっとハッピー研修では、研修受講前に保育者の皆さんの本音や困りごとを把握するために、事前アンケートを実施しています。

今まで1000人以上の方に回答いただいているのですが、特に多かったものがこちらの5つです。

- 共感してくれる人
- 寄り添ってくれる人
- 解決策を一緒に考えてくれる人
- 親身になって話を聞いてくれる人
- 否定せずに客観視してくれる人

私自身も、研修のなかで毎回話しやすい雰囲気にするために、皆さんからの意見を参考に講師としてのあり方を意識しています。話しやすい雰囲気をつくり出すのは、進行役の影響が大きいからです。

一人ひとりに共感し、寄り添い、解決策を同じ目線で考え、最後まで話をしっかり聴き、どんな意見もまずは受け止めて客観的な視点をもち続ける。

そんなことを意識する中で、あたたかく柔らかな雰囲気をつくって、活発な対話を引き出していきたいですね。

## ❷ 正解をもたず柔軟に

保育では、"ねらい"を立てて、今の子どもたちの姿に合わせた計画を立案しますよね。

実際に保育をする中では、保育者の想定外の部分で遊びが広がっていったり、新たな発想が生まれたりして、臨機応変に保育を実施されていることと思います。

私は研修も保育と同じだと考えています。目的・ゴールはもちつつ、その場で出てき

た意見やアイデアを臨機応変に受け取り、コミュニケーションを図りながら着地点を定めるのです。

　そのためには、主催者・進行役が「正解」をもたずに、スポンジのような柔らかく、吸収力のある頭で臨むことが必要です。保育も研修も「生もの」です。だからこそおもしろく、ときに難解で、成長し合えるのです。

　柔らかな雰囲気の中で、みんなで話し合って進める園内研修の空間をつくっていきたいですね。

## ❸ 今を100点！から目標を120点にする

「皆さんは今の自分自身に点数をつけるとしたら、何点をつけますか？」

　ぎゅぎゅっとハッピー研修の冒頭で、皆さんに投げかけている質問です。回答として「60点」「80点」といった具体的な数値を挙げる方もいますし、「自分なんかに点数をつけられません……」という方もいます。

　この答えに正解も不正解もないのですが、ぎゅぎゅっとハッピーはこう考えます。

> 今の自分は100点満点花まる！

　人は、できないことやうまくいかないこと、他者と比べて劣っているところなど、無意識のうちに欠けている部分にフォーカスしがちです。だからこそ、できている部分や頑張っている部分にも目を向けていく必要があります。

　まずは今の自分に花まるをつけてあげて、100点をあげましょう。そして、あと少し、プラス20点は成長できると考えて、目標を120点に設定すれば、今の自分を否定することなく、100点から120点を目指して自分の可能性を広げることができます。この考え方を、自分自身に、職員一人ひとりに、そして組織全体にも活かしてみましょう。

　課題がある今の状態も含めて、100点満点花まるです。

## ❹ 人から言われたこと ＜ 自分から気づいたこと — — — — —

　怖い表情で「○○しなさい！　○○しないとダメ！」と強い口調で言われたことはありませんか。あまりいい感情にはならないと思います。

　人の行動を促すはたらきかけには、「外発的動機づけ」「内発的動機づけ」の２種類があるといわれています。

　外発的動機づけとは、命令・報酬などの外部からもたらされる要因によって、行動に結びつけていくことです。たとえば、「〜しなさい」と命令したり、「〜できたら○○をあげる」とご褒美を与えたりすることが挙げられます。

　内発的動機づけとは、自身の内側から湧き上がる興味・関心や向上心などによって、行動に結びついていくことです。「やってみたい」「楽しそう」「好き！」などの気持ちから、主体的に動いていけるようになります。

　ぎゅぎゅっとハッピー研修のなかで大切にしているのは、内発的動機づけによって自らの意志で行動変容につなげていくことです。そのためには、自分で感じて、自分で気づいて、自分で決めることが大切です。

　「研修に参加して学べてよかった」「グループワークが楽しかった」で終わってしまったら、もったいないですよね。そこから具体的な行動につなげていくために、「参加者が自ら気づいて、学び合いが生まれる」ような園内研修を意識してみてください。

# 3 実体験での学びが重要

人はどんなところから学びを得ているのでしょうか。

ある研究によると、人の学びは、自分が直接体験したことから70％、他者からの学びや気づきが20％、読書や研修から10％だといわれています。

つまり、やってみてなんぼ！　自分自身の実体験からの学びが最重要ということですね。

皆さんは、自転車にはじめて乗れたときのことを覚えていますか？「サドルにまたがって、ペダルを両足でこぎます」と説明を聞いてすぐにできた人なんて、なかなかいないと思います。ときには転びながらも繰り返しトライし、バランスのとり方を実体験を通して学び、乗れるようになったのではないでしょうか。

それだけではなく、他者からのアドバイスや、乗っている人を観察することも、乗れるようになる過程には必要でしたよね。

経験からどのように学んでいるのか表すために、コルブ（D.A Kolb）という研究者が経験学習サイクルというものを提唱しています。

このモデルによると、人は、以下によって学んでいるのです。

> ① 「具体的な経験」をした後
> ② その内容を「内省し（振り返り）」
> ③ そこから「教訓」を引き出して
> ④ その教訓を「新しい状況に適用する」こと

まさに本書に掲載したワークも、実体験したものを内省し、教訓を引き出すことを大切に構成しています。そうすることによって、実体験での学びを最大化することができ、新しい状況でも適用することができるからです。

そうすれば、また新たな実体験が増えて、①〜④がぐるぐると繰り返されます。

こんなハッピーな循環を園内で無限に巻き起こしていきましょう！

# 4 人間関係をアップデートする ぎゅぎゅっと7サイクル

　先ほどの経験学習サイクルの考え方を用いて、ぎゅぎゅっとハッピーが大切にしていることを盛り込んだ「ぎゅぎゅっと7サイクル」をご紹介します。

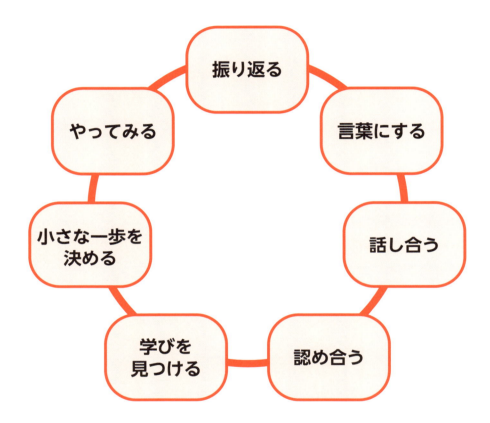

## 1 振り返る

　自分自身のことを振り返って、どんな経験をしてきたかじっくり向き合っていきます。丁寧な振り返りが、今後の自分への大きな「学びのギフト」になります。

## 2 言葉にする

　頭の中で考えて終わりではなく、言葉にしてワークシートに書き出します。言葉にすることで、さらに整理することができ、形に残るので、あとから振り返ることもできます。

## ❸ 話し合う

　書き出したものを材料に、他者に話して伝え合います。口に出してアウトプットすることで、新たな自分の考えや気持ちに気づくかもしれません。

## ❹ 認め合う

　お互いの話を聴き合い、分かち合い、認め合います。大切なのは、応援し合うというスタンスです。

## ❺ 学びを見つける

　自分の経験やお互いの話のなかから「学び」を見つけます。経験には学びの宝があふれているので、お互いから学び合いましょう。

## ❻ 小さな一歩を決める

　その学びをふまえて、今までとの違いをつくり出すための具体的なアクションを１つ決めます。ポイントは、「今すぐできそうな小さな一歩」かつ「やってみたいと心が動いていること」です。

## ❼ やってみる

　その小さな一歩を意識しながら、保育や実生活の中で取り組みます。新たな経験が増えることによって、それがまた次に振り返るときの材料になります。

　この７つのサイクルを、ワークシート・対話型園内研修・現場での実体験の中に盛り込みながら、トータルして行っていきます。

　園内の人間関係をアップデートして、さらに素敵な園に一緒に進んでいきましょう。

## 5 ファシリテーション3つの技法

ファシリテーションとは、促進すること、円滑にすることを意味します。実際に園内研修を進めるにあたって、効果的なファシリテーション技法を3つご紹介します。

### ❶ 内省を深める個別ワークシート

内省とは、自分の思想、言動などを深く省みること。振り返りをしていくということです。

保育現場は変化の連続で、目まぐるしい毎日です。今の自分がどう感じて何を考えているのか、じっくり振り返る機会をなかなかもてないのではないでしょうか。

でも、宝物である自分の経験を振り返り、自分の考えを整理してまとめることで、自己認知を深めてさらなる成長につなげていくことができます。そのために、ぎゅぎゅっとハッピー研修では、個別ワークシートを作成しています。

「○○について、どう思いますか？」と全体に質問したときに、すぐに答えることが難しい方もいると思います。いきなり話す（アウトプットする）のはハードルが高いため、発言できないから自信をなくして、発言がさらに少なくなっていくという悪循環にもなりかねません。

> **だからこそ、「内省が深まる個別ワークシート」がおすすめ！**

本書には、すべてのワークにそれぞれのテーマに合わせたワークシートを掲載しています。自分の考えを知って対話につなげていけるように、ワークシートをご活用ください。

### ❷ その場で書いてプレゼントするカード

研修は長くても数時間、1日のうちの一部です。研修でモチベーションが高まって「学べた！　よかった！」で終わってしまい、具体的な行動につながっていかなければ、意味がないですよね。

「やってみよう！」と思っても、現場や日常生活に戻ったときは、障壁がたくさんあり、なかなかうまくいかなくて落ち込むこともあるかと思います。私自身も外部研修で

学んだことを園で活かそうと思っても、今までのやり方や環境に左右されて、結局活かしきれず、そんな自分を責めるという経験がありました。

> **行動し続けるには大きなエネルギーが必要！**

たとえうまくいかない出来事があったとしても、その先をイメージしてやり続けることって大切ですよね。だからこそ、研修で高まったエネルギーをどのように持続させていくかは課題です。

そこで、私は「応援カード」を作成しました。

対話のワークの中でお互いを認め合って、相手の成長を願うあたたかな応援メッセージをその場で書いて、プレゼントします。口頭で伝えられると、そのときは嬉しくても、あとから振り返ることができません。カードに書いてその場で渡すことで、形に残り、あとから振り返ることができます。

1対1の対話のワークやグループワークの最後などに、ふせんでもよいので、このカードの内容に近い応援メッセージをグループワークのメンバーに渡してみてはいかがでしょうか。

## ❸ ペタペタふせん法 ----------------------------------

　アイデア出しや多様な意見を出し合うときにおすすめしたいのが、ふせんを用いた方法です。

　ふせんの最大のメリットは、貼ったりはがしたりできることです。カテゴリーごとに貼り直すことや、少数派の意見も可視化することができます。貼られたふせんを見ながらチームで話し合うことができるので、新しいアイデアを引き出すワークの手段にぴったりです。

　ルールや進行方法は以下の通りです。

---

### ■ ルール
- ふせん1枚につき1つ書く
- とにかく量を書く
- 正解／不正解はないので自由に書く

### ■ 進行方法
① ルールの説明＆柔らかい雰囲気づくり
② ふせんにひたすら書いていく（1〜3分程度の短い時間で区切る）
③ グループ内で発表しながら、土台の紙に貼っていく
　（似ているものは近くに貼る）
④ 出てきたアイデアをカテゴリーごとに分けてまとめていく

---

さらに、
- 印象に残ったことについて自由に話す
- 実現できそうなことや特にやりたいことを話す
- ここから学べることや今後に活かすことを話す

など、テーマによって進行を深めていきます。

　何を書いてもOK！　という柔らかい雰囲気づくりを大切に、実現できなさそうなことが出てきたとしても否定せずに受け取り、発言しやすい環境を整えながら進めていきましょう。

# 6 豊かなコミュニケーションが生まれる園内研修の基本構成

「豊かなコミュニケーション」と聞いて、皆さんはどんな状態をイメージしますか？

ぎゅぎゅっとハッピーの研修では、一方的ではなく、対話が生まれ、相互に学び合いが生まれるような状態を目指しています。そのためには、話しやすい環境をつくって一人ひとりのアウトプットを引き出していく必要があります。

そんな園内研修を実現するために、重要な4つの基本構成を一緒に見ていきましょう。

### ① チェックイン
**目的**：緊張感を解きほぐし話しやすい雰囲気づくりをする
**手法**：話しやすいテーマで1対1で話す
（今日あった嬉しかったこと、最近印象的だった子どものつぶやき等）

### ② プチアウトプット
**目的**：対話をすることに慣れる、メインワークに向けた材料集めをする
**手法**：ワークシートに記入する、1対1で話す

### ③ メインワーク
**目的**：テーマに沿ったアウトプットを行う
**手法**：グループで話す、ふせんを使ってワークをする、全体にシェアする

### ④ 振り返り
**目的**：学びを深め合って具体的な行動を考える
**手法**：ワークシートに記入する、1対1で話す、グループでシェアする、全体でシェアする

本書で紹介する課題解決のための50のワークは、この4つの構成をもとに組み立てています。それぞれのワークの「トリセツ」を参考にぜひ取り組んでみてください。

## 参考文献

スティーブン・R.コヴィー、フランクリン・コヴィー・ジャパン訳『完訳 7つの習慣 人格主義の回復』
キングベアー出版、2013年
松尾睦『職場が生きる人が育つ「経験学習」入門』ダイヤモンド社、2011年
鹿毛雅治『モチベーションの心理学 「やる気」と「意欲」のメカニズム』中央公論新社、2022年

# 第 2 章

## 自分を知ろう

~振り返る・言葉にする~

# 園にピッタリの研修ワークの見つけ方

　第2章は、ぎゅぎゅっと7つのサイクル（8ページ）のうち、「振り返る」と「言葉にする」のワークを掲載しています。相手を知る前に、まずは自分がどんな考え方をしているのか深掘りしていきましょう。自己理解を深めることで、自分の考えを言葉にして相手に伝える力が高まります。

　以下に、皆さんの園の状態とお悩み別に整理したワークの選び方を載せました。

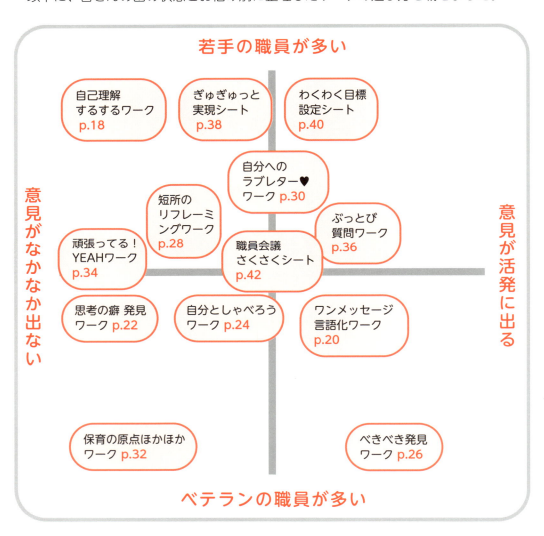

皆さんの園の保育者にはどのワークがぴったり当てはまりそうでしょうか。職員構成と意見が出やすい職場かどうかという点から、左のページのチャートを作成しましたが、保育者の課題からもワークを選ぶことができます。

### 保育者の課題

● **自信がもてず自己表現が苦手**
- もっと仕事が進めやすくなる〜自己理解するするワーク
- もっと想いを伝えられるようになる〜ワンメッセージ言語化ワーク〜
- もっと自分の傾向を理解できる〜思考の癖 発見ワーク〜
- もっと自分を出せるようになる〜自分としゃべろうワーク〜
- もっと保育を楽しめるようになる〜べきべき発見ワーク〜
- もっと前向きな気持ちになれる〜短所のリフレーミングワーク〜
- 自分の心を癒す〜自分へのラブレター♥ワーク〜

● **自分の目標・やりたいことが曖昧**
- もっと保育のモチベーションが高まる〜保育の原点ほかほかワーク〜
- 仕事への積極性が高まる〜頑張ってる！YEAHワーク〜
- 新しい保育アイデアを生み出す〜ぶっとび質問ワーク〜
- 自己成長を叶える〜ぎゅぎゅっと実現シート〜
- 行動計画がすらすら立てられる〜わくわく目標設定シート〜
- 職員会議の質を高める〜職員会議さくさくシート〜

　どれを選ぶか迷った場合は、上から順に進めていくことがおすすめです。下に進むにつれて、自己理解が深まるようになっています。一人でできるワークも多いので、ぜひ取り組んでみてください。

　「自分」にスポットを当てた時間をとることで、一人ひとりの個性がさらに輝いていきます。なんとなく「想い」はもっていたり、保育者になろうと考えたときに夢見ていた姿があったとしても、「私はこんな保育がしたい」という想いをはっきりと言語化するのは難しいかもしれません。だからこそ、第2章で紹介するワークを使って自分を知り、自分の理想とする保育を言葉にできるようにしていきましょう。

第2章　自分を知ろう〜振り返る・言葉にする〜

# もっと仕事が進めやすくなる
## 自己理解するするワーク

**所要時間**
**15分**
（1人の場合4分）

**おすすめ人数**
**1〜2人**
（複数グループがおすすめ）
1人でもOK

### 目的
- 自分自身の特徴を知る
- 得意を活かし苦手を工夫する

### 準備物
- ワークシート（人数分）
- 筆記用具

## さらに効果的に行うためのハッピーポイント

- 誰にでも得意なこと・苦手なことがあると理解する
  → 得意なこと・苦手なことに対してよい・悪いの評価をしない
- 苦手を「活かすことができる強み」にする
  → 苦手なことを乗り越えるための工夫を一緒に考える

## ワークのトリセツ★

 目安時間

| | | |
|---|---|---|
|  **チェックイン** | ❶ 目的を確認する（1分）<br>❷ 「自分を動物にたとえると何か?」を2人1組で話す（2分） | **3分** |
|  **ワーク記入** | ❸ 得意・苦手をそれぞれ記入する（2分）<br>＊キーワードや箇条書きでOK<br>❹ 得意を活かすには？、苦手を乗り越える工夫は？を記入（2分）<br>＊1人で行う場合は❸❹のみ実施 | **4分** |
|  **対話実施** | ❺ 進め方を確認する<br>❻ 1対1で対話する<br> Aさんが話す Bさんが聴く ＜1分＞ → 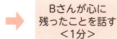 Bさんが心に残ったことを話す ＜1分＞ →  お互いに話す ＜1分＞<br>次はBさんが話し手となり繰り返す | **6分** |
|  **振り返りチェックアウト** | ❼ 気づきや感想、得意を活かす/苦手の工夫をシェアする | **2分** |

● 自信がもてず自己表現が苦手 ●

## 自己理解するするワーク

第2章 自分を知ろう〜振り返る・言葉にする〜

どちらかというと得意・
意欲的に取り組める業務

どちらかというと苦手・
なかなか進まない業務

両面があって
大切な自分自身

得意をさらに活かすには？
（チャレンジできそうなこと）

苦手を乗り越える工夫は？
（別の方法で行う・頼る・練習するなど）

# もっと想いを伝えられるようになる

## ワンメッセージ言語化ワーク

 **所要時間**
**15分**
（1人の場合4分）

 **おすすめ人数**
**1〜2人**
1人でもOK

### 目的
- 自分の**大切にしたい想い**を言語化する
- **伝える力**をさらに高める

### 準備物
- ワークシート（人数分）
- 筆記用具

### さらに効果的に行うためのハッピーポイント

- まずは相手をくっきりはっきり思い浮かべよう
  ➡ "どんな人か"を明確にすればするほど言葉が具体化する
- 具体化できた言葉は伝えてナンボ！
  ➡ 自分の中から湧き上がってきた大切な言葉を伝えるところまで挑戦する

### ワークのトリセツ★

| | | 目安時間 |
|---|---|---|
| **チェックイン** | ❶ 目的を確認する（1分）<br>❷ 「気になる子ども・保護者・保育者」について2人1組で話す（2分） | 3分 |
| **ワーク記入** | ❸ 右のワークシートへ上から順にすべて書き込む<br>・悩み・課題・困っていること（1分）<br>・理想の状態・理由・背景（2分）<br>・伝えたいメッセージ（1分）<br>＊1人で行う場合は❸のみ実施 | 4分 |
| **対話実施** | ❹ 進め方を確認する<br>❺ 1対1で対話する<br><br>Aさんが話す／Bさんが聴く <1分> → Bさんが心に残ったことを話す <1分> → お互いに話す <1分><br>↓<br>次はBさんが話し手となり繰り返す | 6分 |
| **振り返りチェックアウト** | ❻ どんな人にどんなメッセージを伝えたいかシェアする | 2分 |

● 自信がもてず自己表現が苦手 ●

## ワンメッセージ言語化ワーク
子ども・保護者・保育者など、どんな人にどんなメッセージを届けたいですか？

第2章 自分を知ろう〜振り返る・言葉にする〜

● 悩み・課題・困っていることなど

な状態の

● 伝えたい相手に○をつけてください

子ども・保護者・保育者・ その他 ＿＿＿＿ へ

そんな方に

● どうなってもらいたい？（悩み・課題が解決された理想の状態）

● そう思う理由や背景は？

それをふまえて

● 伝えたいメッセージを一言で言うと……？

「　　　　　　　　　　　　　　　　　　　　　　　　」

# もっと自分の傾向を理解できる

## 思考の癖 発見ワーク

**所要時間**
**15分**
（1人の場合4分）

**おすすめ人数**
**1～2人**
1人でもOK

### 目的
- 自分を客観視して特徴を知る
- ネガティブな気持ちとの上手な付き合い方を考える

### 準備物
- ワークシート（人数分）
- 筆記用具

### さらに効果的に行うためのハッピーポイント

- 「自分」と「ネガティブな感情」を切り離して考えよう
  ➡ キャラクターを通して落ち込んだときの自分を客観的に知る
- ネガティブな感情があっても大丈夫
  ➡ 自分の気持ちをキャラクターで表現する

### ワークのトリセツ★

 目安時間

| | | |
|---|---|---|
|  チェックイン | ❶ 目的を確認する（1分）<br>❷「最近困ったこと」について2人1組で話す（2分） | 3分 |
|  ワーク記入 | ❸ 右のワークシートへ上から順にすべて書き込む<br>・どんなときに（1分）<br>・キャラクター診断（2分）<br>・気づいたこと（1分）<br>＊1人で行う場合は❸のみ実施 | 4分 |
|  対話実施 | ❹ 進め方を確認する<br>❺ 1対1で対話する<br> Aさんが話す Bさんが聴く＜1分＞ → Bさんが心に残ったことを話す＜1分＞ →  お互いに話す＜1分＞<br>次はBさんが話し手となり繰り返す | 6分 |
|  振り返り チェックアウト | ❻ 気づきや感想、自分のキャラクターについてシェアする | 2分 |

**おすすめ** 次に紹介する24・25ページのワークも一緒に行ってください

● 自信がもてず自己表現が苦手 ●

# 思考の癖 発見ワーク

第2章 自分を知ろう〜振り返る・言葉にする〜

● どんなときに落ち込んだり イライラしたり 自己嫌悪になったりしますか？ (キーワードでOK)

自分の中でキャラが暴れているのかも！  すべてのキャラが自分の中にいます！

● 思考の癖チェック！ 〜どのキャラクターが一番出現するかな？〜

### 尻叩きマン

**完璧主義**
「〜するべき、
〜しなくちゃ」

- ☐ どちらかというと自分への理想が高い
- ☐ 何でも完璧にこなしたい
- ☐ 周りの人に相談することが 苦手
- ☐ 「〜すべき」「〜しなくてはいけない」が口癖

### コワモテ裁判官

**決めつけがち**
「いけない、ダメ！」

- ☐ 「〜しないとダメ」と思いがち
- ☐ 曖昧な返事だともやもやすることが多い
- ☐ 好き嫌いがはっきりしている
- ☐ 失敗してはいけないという考えが強い

### 心ポッキー

**自己評価が低い**
「自分なんて……、
頑張ったって……」

- ☐ あまり自分に自信がないほうだ
- ☐ 頑張っても反省点が思い浮かぶ
- ☐ ほかの人が輝いて見えることがよくある
- ☐ 一度落ち込むと引きずりがち

### バッド妄想族

**考えすぎる**
「もしかしたら……、
どうしよう……」

- ☐ 悪口を言われていないか不安になる
- ☐ 夜寝る前に考えごとをしてしまうことが多い
- ☐ 周りからどう思われているか気になる
- ☐ 悪いほうに考えて不安になることが多い

● 自分の特徴について気がついたことや感じたことを自由に書いてください

23

# もっと自分を出せるようになる

## 自分としゃべろうワーク

**所要時間**
**20分**
(1人の場合3分)

**おすすめ人数**
**3人以上**
1人でもOK

### 目的
- 自分を**客観視**して日常を振り返る
- 自分への**具体的な言葉かけ**を考える

### 準備物
- ワークシート（人数分）
- 筆記用具

### さらに効果的に行うためのハッピーポイント

- 具体的な場面を思い浮かべて日常を振り返ろう
  → 仕事・プライベート・失敗したときをイメージしながら取り組む
- 他者のアイデアを参考にして学び合おう
  → 「その言葉ステキだな」と思ったら、すぐにメモする

### ワークのトリセツ★

 目安時間

| | | |
|---|---|---|
|  **チェックイン** | ❶ 目的を確認する（1分）<br>❷「自分の中のキャラクター」について2人1組で話す（2分） | 3分 |
|  **ワーク記入** | ❸ 右のワークを思いつくところから書き込む<br>（すべて埋められなくても大丈夫）<br>＊1人で行う場合は❸のみ実施 | 3分 |
|  **対話実施** | ❹ 進め方を確認する<br>❺ 3〜4名ずつのグループに分かれて対話する<br><br>Aさんが話す<1分> → Aさん以外が❷のアイデアを伝える<1分> → みんなで話す<1分><br><br>Bさん、Cさん、Dさん が順に話し手となり繰り返す | 12分 |
|  **振り返り<br>チェックアウト** | ❻ 気づきや感想、どんな言葉をかけたいかについて全体でシェアする | 2分 |

**おすすめ** このワークは22・23ページのワークの次に行うと効果的です

● 自信がもてず自己表現が苦手 ●

# 自分としゃべろうワーク

第2章 自分を知ろう〜振り返る・言葉にする〜

一日の中であなたと一番対話しているのは誰でしょうか？

➡ それは**自分自身**です

つまり
"**自分自身にどんな言葉をかけるか**"がとても大切！

### 尻叩きマン

① どんなときに出てきますか？

② 出てきたときに、どんな言葉をかけますか？

### コワモテ裁判官

① どんなときに出てきますか？

② 出てきたときに、どんな言葉をかけますか？

### 心ポッキー

① どんなときに出てきますか？

② 出てきたときに、どんな言葉をかけますか？

### バッド妄想族

① どんなときに出てきますか？

② 出てきたときに、どんな言葉をかけますか？

（それぞれのキャラクターについては23ページのワークシート参照）

落ち込んだり イライラしたり 自己嫌悪になったとき、
頭の中で普段の自分と違うキャラが暴れているかも！と
客観的に考えてみてください♥

25

# もっと保育を楽しめるようになる

## べきべき発見ワーク

**所要時間**
**20分**
（1人の場合4分）

**おすすめ人数**
**3〜4人**
1人でもOK

### 目的
- 自分の思い込みを**言語化**する
- こんな保育がしたいと**楽しみになる**思考につなげる

### 準備物
- ワークシート（人数分）
- 筆記用具

### さらに効果的に行うためのハッピーポイント

- **大切にしている自分の考えは「〜べき」の奥にある**
  ➡ ワーク上部で出てきたものは悪いものではないと認識する
- **もっと肩の力を抜いて考え方の世界を広げてみよう**
  ➡ 「〜したい」に変換して自分が目指したい保育を明確にする

### ワークのトリセツ★

| | | 目安時間 |
|---|---|---|
| **チェックイン** | ❶ 目的を確認する（1分）<br>❷ 過去に「〜するべきと言われたこと」について2人1組で話す（2分） | 3分 |
| **ワーク記入** | ❸ 右のワークシートに上から順にすべて書き込む<br>・4つのべき（2分）<br>・「〜したい」に変換（2分）<br>＊1人で行う場合は❸のみ実施 | 4分 |
| **対話実施** | ❹ 進め方を確認する<br>❺ 3〜4名ずつのグループに分かれて対話する<br><br>Aさんが話す〈1分〉 ➡ みんなで話す〈1分〉<br><br>Bさん、Cさん、Dさんが順に話し手となり繰り返す | 10分 |
| **振り返り<br>チェックアウト** | ❻ 気づきや感想、自分の考えを「私は〜したいと考える」という形でシェアする | 3分 |

● 自信がもてず自己表現が苦手 ●

# べきべき発見ワーク

保育はこうするべきだ
(こうしたほうがよい！と思っていること)

保育者はこうしなきゃいけない
(こうあるべきだ！と思っていること)

子どもはこうあるべきだ
(理想の子どもの姿)

自分はこんな人間であるべきだ
(こんな人間でいなきゃ！と思っていること)

第2章 自分を知ろう 〜振り返る・言葉にする〜

その想いもステキ！
だからこそ、もっと
肩の力を抜いてみよう

● 上記をそれぞれ「私は〜したいと考える」
「私は〜であってほしいと考える」に言い換えると？

# もっと前向きな気持ちになれる
## 短所のリフレーミングワーク

**所要時間**
**23分**
（1人の場合8分）

**おすすめ人数**
**2人以上**
1人でもOK

### 目的
- リフレーミングの考え方を深める
- 自分の短所を活かして前向きな思考につなげる

### 準備物
- ワークシート（人数分）
- 筆記用具

### さらに効果的に行うためのハッピーポイント
- 見方を変えると短所や欠点は輝く個性になる
  → 短所や欠点を活かす方法を具体的に考える
- 相手のステキなところを見ようと心がける
  → 相手をリフレーミングし、前向きな言葉で伝える

### ワークのトリセツ★

 **目安時間**

 **チェックイン**
1. 目的を確認する（1分）
2. ワークシートの「リフレーミングとは」を読み上げ、リフレーミングの意味を理解する（1分）
3. 「イヤだ！の子どもの姿をリフレーミング」について2人1組で話しながらワークに記入する（2分）

**4分**

 **ワーク記入**
4. 自分自身の短所や欠点を記入する（2分）
（進行役がいる場合、後でシートを2人で交換することを事前に伝える）
5. 2人組でお互いのワークシートを交換し、「リフレーミングしてみると？」を記入する（4分）
＊1人で行う場合は❸❹❺のみ実施

**6分**

 **対話実施**
6. 進め方を確認する
7. 1対1で対話する

AさんがBさんのリフレーミングについて書いたことを話す <2分> → お互いに話す <2分>

次はBさんがAさんのリフレーミングについて話す

**8分**

 **振り返りチェックアウト**
8. 「リフレーミングをどう活かすか」について書く（2分）
9. 気づきや感想、どう活かすかについてシェアする（3分）

**5分**

● 自信がもてず自己表現が苦手 ●

# 短所のリフレーミングワーク

リフレーミングとは、物事や出来事などへの視点を変えて、違う見方をしてとらえ直すこと
（例）意見を言えない➡慎重　失敗した➡成長の機会　落ち着きがない➡パワフル

第2章　自分を知ろう〜振り返る・言葉にする〜

● 「イヤだ！イヤだ！」と表現している子どもの姿をリフレーミングしてみると？

\ 自分自身に置き換えてみると… /

● 自分自身の短所や欠点だと思っていること　　● リフレーミングしてみると？

● リフレーミングした短所や欠点をどんなことに活かせそうですか？

# 自分の心を癒す

## 自分へのラブレター♥ワーク

**所要時間** 12分（1人の場合6分）

**おすすめ人数** 1人以上（1人でもOK）

### 目的
- 自分の気持ちを振り返る
- 自分で自分の心を癒していく

### 準備物
- ワークシート（人数分）
- 筆記用具

### さらに効果的に行うためのハッピーポイント
- 自分が頑張っている過程に目を向けよう
  ➡ 自分に「ありがとう」をプレゼントして心を癒す
- 小さな気持ちの動きの中に自分の本音がかくれているかも!?
  ➡ 忙しい日常で流れてしまっている小さな気持ちの動きを振り返る

### ワークのトリセツ★

**目安時間**

**チェックイン**
1. 目的を確認する（1分）
2. 周りの人から言われて嬉しかったことについて2人1組で話す（2分）

3分

**ワーク記入**
3. ワークに記入する
   - ①③⑤⑦に記入する（2分）
   - 自分自身にありがとうを伝えるとしたら（2分）

4分

**メインワーク**
4. 進め方を確認する
5. ①〜⑩の順に自分に読み上げていく（2分）
   ＊自分自身に語りかけるように話す
   ＊1人で行う場合は❸❺のみ実施

2分

**振り返りチェックアウト**
6. 気づきや感想、どんな気持ちになったかについて全体でシェアする

3分

● 自信がもてず自己表現が苦手 ●

## 自分へのラブレター♥ワーク

第2章 自分を知ろう～振り返る・言葉にする～

周りの人から言われて
嬉しかったこと

① 

② （それは嬉しかったね）

ちょっと疲れちゃうなぁ
しんどいなぁと思うこと

⑤ 

⑥ （そんななかで毎日頑張っているね）

保育の中で子どもたちに
「ありがとう」と言われたこと

③ 

④ （子どもたちからも必要とされているね）

気づいてくれる人は少ないけど
仕事の中で取り組んでいること

⑦ 

⑧ （頑張っている姿を知っているよ）

そんな頑張っている
自分自身へ
言葉のプレゼントをしよう

● 自分自身に「ありがとう」を伝えるとしたら？

⑨ 

⑩ ありがとう！

# もっと保育のモチベーションが高まる

## 保育の原点ほかほかワーク

**所要時間**
**22分**
（1人の場合4分）

**おすすめ人数**
**2〜4人**
1人でもOK

### 目的
- 自分の**保育の原点**を振り返る
- **初心**を思い返してさらなる**保育への前向きな気持ち**につなげる

### 準備物
- ワークシート（人数分）
- 筆記用具

### さらに効果的に行うためのハッピーポイント

- **誰でも行動や選択には背景がある**
  ➡ 原点を思い返すことによって"大切にしたいことの言語化"につなげる
- **仲間の保育の原点を知って関係性をぎゅぎゅっと深めていく**
  ➡ 今まで知らなかった仲間の想いを知ることによって他者理解の機会にする

### ワークのトリセツ★

 目安時間

| | | |
|---|---|---|
|  チェックイン | ❶ 目的を確認する（1分）<br>❷ 「保育の仕事に初めて興味をもったのはいつ？」のテーマで2人1組で話す（2分） | 3分 |
|  ワーク記入 | ❸ 右のワークを上から順にすべて書き込む<br>・理由やきっかけ&なぜなぜ（2分）<br>・大切にしたいこと（2分）<br>＊1人で行う場合は❸のみ実施 | 4分 |
|  対話実施 | ❹ 進め方を確認する<br>❺ 3〜4名ずつのグループに分かれて対話する<br><br>Aさんが話す<1分> → Aさん以外が心に残ったことを伝える<1分> → みんなで話す<1分><br>↓<br>Bさん、Cさん、Dさん が順に話し手となり繰り返す | 12分 |
|  振り返りチェックアウト | ❻ 気づきや感想、保育で大切にしたいことをシェアする | 3分 |

32

● 自分の目標・やりたいことが曖昧 ●

# 保育の原点ほかほかワーク

人生の大きな決断の中で"保育"を仕事に選んだ皆さん。
それぞれの想いやきっかけがあると思います。一緒に原点を振り返っていきましょう！

第2章 自分を知ろう〜振り返る・言葉にする〜

**Q** 保育の仕事をしたいと思った理由やきっかけは何ですか？

**Q** それはなぜですか？（その背景にあるのは何ですか？）

**Q** それはなぜですか？（その背景にあるのは何ですか？）

原点に注目したうえで

● 改めて、保育の中で（仕事の中で）どんなことを大切にしたいですか？

# 仕事への積極性が高まる

## 頑張ってる！YEAHワーク

**所要時間**
**10分**
（1人の場合2分）

**おすすめ人数**
**3人以上**
1人でもOK

### 目的
- **頑張っている自分**を認める
- お互いに認め合うことでチームで**モチベーション**を高めていく

### 準備物
- ワークシート（人数分）
- 筆記用具

### さらに効果的に行うためのハッピーポイント
- 意識的にできたことや頑張ったことに目を向ける
  ➡ キーワードを思い浮かべて紙に書き出す
- お互いに認め合う風土をつくっていく
  ➡ 「頑張ってるね」「ステキだね」という言葉をかけ合う

### ワークのトリセツ★

 目安時間

| | | |
|---|---|---|
|  チェックイン | ❶ 目的を確認する（1分）<br>❷ 「今朝起きてから家を出るまでにしたこと」を2人1組で話す（2分） | 3分 |
|  ワーク記入 | ❸ 最近頑張っていること・続けていることを記入する<br>＊1人で行う場合は❸のみ実施 | 2分 |
|  対話実施 | ❹ 進め方を確認する<br>❺ 3〜6名ずつのグループに分かれて対話する<br>（なるべく大人数でできるようにする）<br><br>Aさんが話す＜30秒＞ ➡ 「頑張ってる〜！」と拍手で伝え合う<br>↓<br>グループのメンバーが順に話し手となり繰り返す | 3分 |
|  振り返りチェックアウト | ❻ 気づきや感想をシェアする | 2分 |

● 自分の目標・やりたいことが曖昧 ●

## 頑張ってる！YEAHワーク

第2章 自分を知ろう〜振り返る・言葉にする〜

### 毎日続けていることはありますか？

朝目が覚めたら布団から起き上がることだって、歯みがきだって、毎日続けていることです。

日々、頑張っていることや続けていることを保育の場面に置き換えて考えてみてください♥

● 最近頑張っていること・続けていること

お互いに
「頑張ってる！」と
伝え合いましょう

# 新しい保育アイデアを生み出す
## ぶっとび質問ワーク

**所要時間**
**15分**
（1人の場合9分）

**おすすめ人数**
**1〜2人**
1人でもOK

### 目的
- 枠を外してぶっ飛んだアイデアを考える
- アイデアを具体的な保育に活かす

### 準備物
- ワークシート（人数分）
- 筆記用具

### さらに効果的に行うためのハッピーポイント
- 新しいアイデアを出すときは、まずは大風呂敷を広げることが大切
  ➡ 本気で"アイデア出し"を楽しもう
- 楽しく柔らかな空気感が創造性を膨らませる鍵
  ➡ どんなアイデアも「いいね！」「おもしろいね！」といったん受け止める

### ワークのトリセツ★

| | | 目安時間 |
|---|---|---|
| チェックイン | ❶ 目的を確認する（1分）<br>❷「子どもの頃夢中になった遊び」について2人1組で話す（2分） | 3分 |
| ワーク記入 | ❸ ワークに記入する<br>・4つの質問（4分）<br>・実現できるとしたら……？（2分） | 6分 |
| メインワーク | ❹ 進め方を確認する<br>❺ お互いのアイデアを見せ合う<br>＊1人で行う場合は❸❺のみ実施 | 3分 |
| 振り返り<br>チェックアウト | ❻ 気づきや感想、いいなと思ったアイデアを全体でシェアする<br>❼「これはやろう！」と意見が集まったものを実行する | 3分 |

● 自分の目標・やりたいことが曖昧 ●

## ぶっとび質問 ワーク

**現 状**
- 現実的なこと
- やっていること
- できそうなこと
- すぐイメージできること

**現状の外側のゴール**
- ちょっと非現実的
- やったことがないこと
- 実現方法がすぐに思いつかないこと
- 子どもの楽しむ姿がイメージできること
- ワクワクすること

第2章 自分を知ろう〜振り返る・言葉にする〜

**Q** もしも、どこでも行きたいところに行ける不思議なドアがあったら、子どもたちとどこに行ってどんなことをしたいですか？

**Q** もしも、石油王が現れて「お金は無限にある。保育で自由に使ってくれ！」と言ってお金をもらえたら、どんなことに使いますか？

**Q** もしも、自分が魔法使いになったら、子どもたちとどんな楽しいことをしますか？

**Q** もしも、時間を自由に操ることができて、保育の準備をできる時間が無限にあったら、どんなことをしますか？

● 上記が実現できるとしたら どんなことができそうですか？

# 自己成長を叶える

## ぎゅぎゅっと実現シート

**所要時間** 20分（1人の場合3分）

**おすすめ人数** 3人以上（1人でもOK）

### 目的
- 目指す**保育者像**を明確にする
- そのために必要な**アクション**を言語化する

### 準備物
- ワークシート（人数分）
- 筆記用具

### さらに効果的に行うためのハッピーポイント

- 具体的な言葉にしよう
  → 目指す保育者像とその理由を一言で表現する
- 他者との対話でアクションの引き出しを増やそう
  → 「いいな！」と思ったものは参考にする

### ワークのトリセツ★

 目安時間

| | | |
|---|---|---|
|  チェックイン | ❶ 目的を確認する（1分）<br>❷ 「保育の仕事に初めて興味をもったときのこと」を2人1組で話す（2分） | 3分 |
|  ワーク記入 | ❸ 右のワークの①②を先に記入し、③〜⑥は思いついたところから記入していく<br>＊1人で行う場合は❸のみ実施 | 3分 |
|   対話実施 | ❹ 進め方を確認する（①〜⑥の順番で発表する）<br>❺ 3〜4名ずつのグループに分かれて対話する<br><br>Aさんが話す<1分> → Aさん以外が心に残ったことを伝える<1分> → みんなで話す<1分><br><br>Bさん、Cさん、Dさん が順に話し手となり繰り返す | 12分 |
|  振り返りチェックアウト | ❻ 気づきや感想、保育で大切にしたいことをシェアする | 2分 |

● 自分の目標・やりたいことが曖昧 ●

# ぎゅぎゅっと実現シート

第 2 章　自分を知ろう〜振り返る・言葉にする〜

そのために必要な学び・勉強
③

さらに磨きたいスキル・経験
④

「こんな保育者になりたい！」
①

それはなぜ？
②

どんな言葉・かかわりをしていきたいか
⑤

今の自分に＋αでやってみたいこと
⑥

# 行動計画がすらすら立てられる

## わくわく目標設定シート

所要時間
**15分**

おすすめ人数
**1人**

### 目的
- 目標を**言語化する**
- 主体的な**行動を引き出す**

### 準備物
- ワークシート（人数分）
- 筆記用具

### さらに効果的に行うためのハッピーポイント

- **出てきそうな課題を先に考えて対策を立てよう**
  ➡ 想定しておけば いざというときにすぐに対応できて乗り越えられる
- **振り返りは 頑張ったことにもフォーカスしよう**
  ➡ 反省・改善点ではなく、頑張ったこと・次に活かしたいことを表現する

### ワークのトリセツ★

 目安時間

 **ワーク記入**
❶ 今年度の目標を記入する（3分）
❷ 前期・中期・後期それぞれの枠に記入する（7分）
**10分**

 **振り返り**
❸ 各期が終わる頃（7月・11月・3月）に目標を振り返って、頑張ったことと次期に活かしたいことを記入する
**5分**

● 自分の目標・やりたいことが曖昧 ●

# わくわく目標設定シート

第2章 自分を知ろう〜振り返る・言葉にする〜

● 今年度の目標（年度末の姿）「こうなりたい」「こうしたい」を記入してください

実現のために細分化しよう！

|  | 前期（4〜7月） | 中期（8〜11月） | 後期（12〜3月） |
|---|---|---|---|
| 目標<br>（挑戦・意識<br>したいこと） |  |  |  |
| 出てきそうな<br>課題<br>（悩みそうな<br>こと） |  |  |  |
| 課題を解決<br>するために<br>できそうな<br>こと |  |  |  |
| 振り返り<br>頑張ったこと<br>次期に活かし<br>たいこと |  |  |  |

# 職員会議の質を高める

## 職員会議さくさくシート

**所要時間** 園の状況に合わせて

**おすすめ人数** 園の状況に合わせて

### 目的
- 職員会議を進めやすくする
- 後から振り返りができるようにまとめる

### 準備物
- ワークシート
- 筆記用具

### さらに効果的に行うためのハッピーポイント
- ゴールや議題・テーマを事前に明確にしておこう
  → 見通しがもてるように会議当日までに職員室に掲示する
- 会議後に具体的なアクションにつなげやすくしよう
  → 後から振り返ったときにわかりやすいように記入する

### ワークのトリセツ★

 目安時間

| フェーズ | 内容 | 目安時間 |
|---|---|---|
| 事前準備 | ❶【事前】主催者がゴールを記入する | （事前に）5分 |
| チェックイン | ❷ 主催者からゴール・目的を共有する<br>❸ 全員で議題・テーマを確認する | 2分 |
| 会議 | ❹ 実際の会議で話された内容を記入する | 15分 |
| 振り返り<br>チェックアウト | ❺ 決定事項・具体的なアクションを確認・シェアする | 3分 |

● 自分の目標・やりたいことが曖昧 ●

# 職員会議さくさくシート

【事前】今回の会議のゴール※（目指す状態）・目的※（得たいもの）　※は主催者が記入する

\ ゴール・ /
目的達成のための

【事前】議題・テーマ※　　● 実際に話された内容

第 2 章　自分を知ろう〜振り返る・言葉にする〜

● 決定事項・具体的なアクション

コラム **ぎゅぎゅっと相談室**

# 反発があったら、どうする？

えり先生: みんなでワークに取り組むことを会議で話したら、一部の職員から反発があったんです……。

ゆうちゃん: 反発があったらドキっとしますよね。どんな声が上がったのですか？

「なんでそんなことするの？」という質問や、「忙しいのに……」みたいな心の声を感じました。

情景が目に浮かびます……。

そうなんです。何かよい方法はありますか？

2つのことをお伝えしますね。

## ❶ 反発が起きるのは"自然なこと"

人は、慣れ親しんだ環境を好む傾向があります。未知のことに対して恐怖心や不安を感じるのは当然の反応ですから、自然なこととして受け止めましょう。

## ❷ 表現してくれるのは"ありがたいこと"

ワークに取り組む前に、ワークに取り組む意図をみんなで考え、共通認識をもちましょう。話し合いの機会をもつことで、納得感や浸透度が変わります。

なるほど。反発が起きるのは、私が全部悪いと思っていました。

 責任感があるのはよいことですが、一人で背負いすぎずに、"反発"を"よい機会"に変えていきましょう！

 まずはじっくり聴いてから、伝えて、巻き込んでいくのですね！

### Step1　どんなことが不安なのか聴いて受け止める

　反発の奥には"不安感"や"障壁となる問題"が隠れています。それが"反発"という形で表れるので、根本を紐解いていくために、相手の想いを聴き、受け止めます。

### Step2　目的・ゴールを明確に伝える

　想いを受け止めた後で、新しいこと（ワーク）を取り入れる目的・ゴールを噛み砕いて伝えます。

### Step3　役割を依頼して「力を貸してほしい！」と巻き込む

　Step 2でゴールを共有したうえで役割をもってもらうと、当事者意識が高まります。「よりよい園にするために○○さんの力を貸してほしい」と伝え、助けを求めます。力を貸りて、巻き込んでいきましょう。

**参考文献**

貝谷久宣・福井至監『図解 やさしくわかる認知行動療法』ナツメ社、2012年

第 3 章

# お互いを知ろう

~話し合う・認め合う~

# 園にピッタリの研修ワークの見つけ方

　第3章は、「話し合う」と「認め合う」のワークを掲載しています。伝え合う、聴き合うという手段を使って、お互いの想いを共有していきましょう。保育者それぞれがお互いに認め合うことで、何事も話し合うという文化を園全体に広げていくことができます。ぜひ本章のワークに取り組んでみてください。

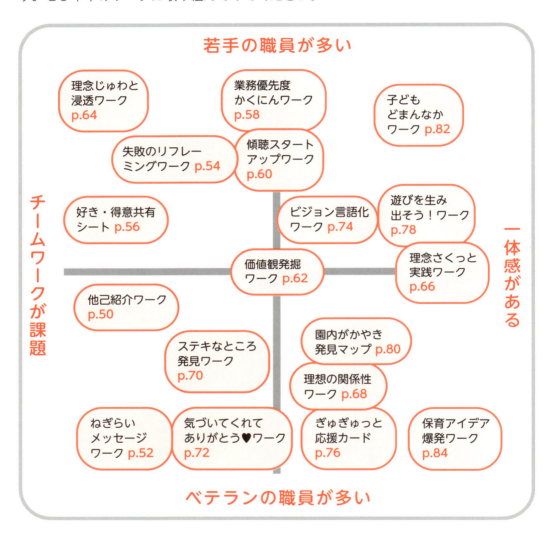

　手段や方法だけでなく、想いや背景まで伝え合うことで、関係性の質を深めていきます。ワークを通して保育者間のコミュニケーションを深めていくことで、園の理念と保育者の魅力が余すところなく発揮される保育を実現させていきましょう！

職員構成とチームの一体感があるかどうかという視点から、左のページのチャートを作成しましたが、園の課題からもワークを選ぶことができます。

## 園の課題

### ● 意見があまり出てこない
- もっとお互いのことを知る〜他己紹介ワーク〜
- 仕事への積極性が高まる〜ねぎらいメッセージワーク〜
- もっとチャレンジ精神が高まる〜失敗のリフレーミングワーク〜
- もっと強みを活かした保育ができる〜好き・得意共有シート〜
- もっと業務を効率化できる〜業務優先度かくにんワーク〜

### ● 意見が対立しがち
- もっと他者との信頼関係が深まる〜傾聴スタートアップワーク〜
- もっと職員同士の理解が深まる〜価値観発掘ワーク〜
- もっと園への愛が深まる〜理念じゅわっと浸透ワーク〜
- もっと園の一体感が生まれる〜理念さくっと実践ワーク〜
- もっと職員同士の関係性が深まる〜理想の関係性ワーク〜
- もっと職員のチームワークが高まる〜ステキなところ発見ワーク〜
- もっと職員同士の助け合いが増える〜気づいてくれてありがとう♥ワーク〜
- もっと職員同士で応援し合える〜ビジョン言語化ワーク〜
- もっと職員同士で応援し合える〜ぎゅぎゅっと応援カード〜

### ● 保育がワンパターンになりがち
- 楽しみながら創造力を高める〜遊びを生み出そう！ワーク〜
- もっと園の強みを活かした保育ができる〜園内かがやき発見マップ〜
- もっと子ども目線の企画を考案できる〜子どもどまんなかワーク〜
- 新しい保育アイデアが生まれる〜保育アイデア爆発ワーク〜

　もし、「すべての課題が当てはまる……」という場合には、上から順にワークに取り組んでいくのもおすすめです。各項目の下に行くほど、難易度が高まっていきます。ワークに取り組みながら、課題解決に向けて進んでいきましょう！

第3章　お互いを知ろう〜話し合う・認め合う〜

# もっとお互いのことを知る

## 他己紹介ワーク

 所要時間 **20分**

 おすすめ人数 **4人以上**

### 目的
- お互いのことをさらに知る
- 職員同士の関係性を深める

### 準備物
- ワークシート（人数分）
- 筆記用具

## さらに効果的に行うためのハッピーポイント

- **ステキに紹介されたらハッピー！　嬉しい循環が生まれる**
  → 他者に紹介してもらうことで自分のことを客観的に見る
- **相手への興味・関心を高める機会につなげよう**
  → 質問し合うことで関係性を深める

## ワークのトリセツ★

| | | 目安時間 |
|---|---|---|
| **チェックイン** | ❶ 目的を確認する（1分）<br>❷「お互いの第一印象」について2人1組で話す（2分） | 3分 |
| **ワーク記入** | ❸ 進め方を確認する（1分）<br>❹ 紹介する相手の情報を記入する（5分）<br>　・名前を記入する<br>　・「動物にたとえると」を直感で記入する<br>　・お互いにインタビューする | 6分 |
| **メインワーク** | ❺ 他己紹介タイム（2分）<br>1人2分で相手のことを紹介する<br>　・全員が紹介される立場を体験する<br>　・奇数の場合は3人組で実施する | 8分 |
| **振り返り<br>チェックアウト** | ❻ 気づき・感想を全体でシェアする | 3分 |

● 意見があまり出てこない ●

# 他己紹介ワーク

● 相手の名前（ニックネームでも可）　　　● 動物にたとえると……

第3章 お互いを知ろう〜話し合う・認め合う〜

＼ Let's インタビュータイム ／

**質問例**
- マイブームは？
- 地球最後の日に食べたいものは？
- 幼少期はどんな性格だった？
- 保育の仕事で一番やりがいを感じる瞬間は？
- 保育の仕事に就いたきっかけは？
- 子どもたちの発言や行動で嬉しかったことは？

● ステキだと感じる相手の一番の推しポイント

# 仕事への積極性が高まる

## ねぎらいメッセージワーク

 所要時間 **15分**

 おすすめ人数 **5人以上**

### 目的
- 同僚の**ステキなところ**を見る
- 同僚からメッセージをもらって**嬉しい気持ちを味わう**

### 準備物
- ワークシート
- 筆記用具
- ふせん

### さらに効果的に行うためのハッピーポイント

- 相手からのメッセージは本気で受け取る
  → 「そんなことないです〜」と謙遜しない
- 5〜10分でできる❸と❺だけのショートバージョンもGOOD！
  → ふせんを渡すスタイルで、急にできたスキマ時間を活用する

## ワークのトリセツ★

 目安時間

| | | |
|---|---|---|
|  チェックイン | ❶ 目的を確認する（1分）<br>❷ 「今まで出会った尊敬する人」について2人1組で話す（2分） | 3分 |
|  ワーク記入 | ❸ 一人の同僚について下記の内容を書く（ふせん1枚以上）<br>・頑張っていると感じるところ<br>・尊敬するところなどのよいところ<br>【ポイント】<br>・相手が受け取りやすい言葉にする<br>・自分の名前をふせんに書く（誰が書いたかわかるように） | 3分 |
|  対話実施 | ❹ 進め方を確認する<br>❺ 1人ずつ順番にふせんを読み上げて本人に渡していく<br>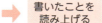<br>Aさんのもとに集まる → 書いたことを読み上げる → ふせんをAさんに直接渡す<br>↓<br>時計回りに全員が同じことを体験する | 6分 |
|  振り返り チェックアウト | ❻ 全体を通して気づいたことや感想をシェアする | 3分 |

● 意見があまり出てこない

# ねぎらいメッセージワーク

●同僚からもらったステキなねぎらいメッセージたち♥

※ふせんを貼ってください

第3章 お互いを知ろう〜話し合う・認め合う〜

同僚からのメッセージを
全力で受け取ってください♥

●どんな気持ちになりましたか？

# もっとチャレンジ精神が高まる

## 失敗のリフレーミングワーク

 所要時間 **18分**

 おすすめ人数 **2人以上**

### 目的
- 自分で**リフレーミングしていく力**を高める
- "失敗"自体の**とらえ方を柔らかく**する

### 準備物
- ワークシート（人数分）
- 筆記用具

### さらに効果的に行うためのハッピーポイント

- 失敗を活かしていく方法を考えよう
  → 失敗から学んだことを言語化する
- 他者の視点を積極的に取り入れよう
  → 話を聴いて感じたことや、相手のリフレーミングをするとしたら、などを伝え合う

### ワークのトリセツ★

 目安時間

 **チェックイン**
① 目的を確認する（1分）
② 「人前で話すのが苦手」をリフレーミングするとどうなるかについて2人1組で話す（2分）
**3分**

 **ワーク記入**
❸ シートへ上から順にすべて書き込む
　・失敗したと感じたこと（2分）
　・3つのKを意識したリフレーミング（2分）
**4分**

 **対話実施**
❺ 進め方を確認する
❻ 1対1の対話

| Aさんが話す Bさんが聴く <1分> | → | Bさんが心に残ったことを話す <1分> | → | お互いに話す <1分> |

　　↓
次はBさんが話し手となり繰り返す

❻ 「失敗」をリフレーミングした言葉を記入する（1分）
**8分**

 **振り返りチェックアウト**
❼ 気づき・感想・失敗の言葉のリフレーミングを全体でシェアする
**3分**

● 意見があまり出てこない

# 失敗のリフレーミングワーク

● 失敗した、うまくいかなかった……と感じたこと

**1 K** 客観的
「もしかしたら〜かも」と遠くから見る

**2 K** 好意的
ステキなメッセージを読み取るとしたら？

**3 K** 機会的
何かのチャンスととらえるとしたら？

3つのKを意識して
リフレーミングしてみよう！

第3章 お互いを知ろう〜話し合う・認め合う〜

● そもそも"失敗"という言葉自体を
リフレーミングすると……？

# もっと強みを活かした保育ができる
## 好き・得意共有シート

 所要時間
**25分**

 おすすめ人数
**2人以上**

### 目的
- 職員間の**相互理解**を深める
- **保育につなげるアイデア**を見つける

### 準備物
- ワークシート
- ふせん
- 筆記用具

### さらに効果的に行うためのハッピーポイント

- **好きなことや得意なことは宝物だと認識する**
  → 共通点を見つけるために興味・関心のあることを発表し合う
- **保育につながるという視点からふせんを俯瞰しよう**
  → ふせんを貼りながらコラボレーションできることを見つける

### ワークのトリセツ★

 目安時間

| | | |
|---|---|---|
|  **チェックイン** | ❶ 目的を確認する（1分）<br>❷「今一番推しているもの」について2〜3人1組で話す（2分） | 3分 |
|  **ワーク記入** | ❸ 進め方を確認する<br>　①のふせんを書く→貼りながら発表する→②のふせんを書く→貼りながら発表する→全体でシェアする<br>❹ ①好きなこと、②得意なことをそれぞれふせんに書き出す（2分）<br>【ポイント】<br>・ふせん1枚につき1つ書く　・たくさん書く<br>・正解／不正解はないので自由に書く<br>・自分の名前をふせんに書いておく | 3分 |
|  **対話実施** | ❺ 1人ずつ発表しながらシートの枠内に貼っていく<br>　（似た項目は近くにまとめていく）<br>❻ ③保育につながりそうなアイデア・コラボレーションをふせんに書き出す（2分）<br>❼「グループ内で」1人ずつ発表しながらワークシートの枠内に貼っていく | 15分 |
|  **振り返りチェックアウト** | ❽ 感想・やってみることを全体でシェアする | 3分 |

● 意見があまり出てこない ●

# 好き・得意共有シート

① 好きなこと　　　　② 得意なこと

第3章 お互いを知ろう〜話し合う・認め合う〜

③ 保育につながりそうなアイデア・職員同士でコラボレーションしてできそうなこと・業務の役割分担

（例）
花が好き×ピアノが得意
＝お花の替え歌を作る（コラボ）

虫博士A先生と年長さん虫探しお散歩ツアー（アイデア）

PC得意なB先生にフォルダ整理（役割分担）

# もっと業務を効率化できる
## 業務優先度かくにんワーク

 所要時間
**20分**

 おすすめ人数
**3〜5人**

### 目的
- 業務内容を**整理**する
- **優先順位**や**重要性**を職員間で共有する

### 準備物
- ワークシート
- 筆記用具
- ふせん

### さらに効果的に行うためのハッピーポイント

- 年度初めのクラス間のコミュニケーションにおすすめ！
  → 新人の保育者と優先順位を確認する
- 「これをしなきゃ！」ではなく「大切だからやろう！」に意識変革
  → 「この業務ってやっぱり大切だよね」と伝え合う

### ワークのトリセツ★

 目安時間

 **チェックイン**
1. 目的を確認する（1分）
2. 「今立て込んでいる業務」について2人または3人1組で話す（2分）
3. 3〜5人のグループに分かれる
   * クラスごとや乳児クラス・幼児クラスなどに分かれることがおすすめ
   * 時間がある場合は6名以上も可能

**3分**

 **ワーク記入**
4. 進め方を確認する
   ふせんに記入する→貼りながら発表する
5. 短い文章で業務内容をたくさんふせんに書き出す（3分）
   【ポイント】・ふせん1枚につき1つ書く
   ・たくさん書く
   ・正解／不正解はないので自由に書く

**3分**

 **対話実施**
6. 1人ずつ発表しながら、ワークシートの枠内に貼っていく
   * 似ている項目は近くにまとめていく
   * どのあたりに貼るかをグループ内で相談しながら進める
7. 全体を見てグループ内で気づいたことを発表する（5分）

**11分**

 **振り返り チェックアウト**
8. 気づき・感想を全体でシェアする

**3分**

● 意見があまり出てこない ●

# 業務優先度かくにんワーク

どんな仕事も重要であることは大前提のもと、
優先順位や重要性の共通認識を深めるためのワークです！

第3章 お互いを知ろう 〜話し合う・認め合う〜

緊急度 高

ふせんの例
| クラス会議 | 新しい玩具の検討 |
| 指導案づくり | レイアウト変更 |

業務を思い返すための質問
- 季節ごとに取り組む必要があることは？
- 子どもの姿に合わせて変更しているものは？
- 毎月締め切りに間に合わせているものは？

重要度 高

# もっと他者との信頼関係が深まる
## 傾聴スタートアップワーク

**所要時間** 20分

**おすすめ人数** 3人以上

### 目的
- **傾聴力**をさらに高める
- 他者とのより**豊かなコミュニケーション**につなげる

### 準備物
- ワークシート（人数分）
- 筆記用具

### さらに効果的に行うためのハッピーポイント

- 話しやすい人や話したくなる人を思い返す
  → 言語化して「自分ごと」にする
- 人との対話から「話しやすい人像」の共通点を知る
  → さまざまな考えに触れて話を聴くときのスタンスの幅を広げる

### ワークのトリセツ★

 目安時間

 **チェックイン**
❶ 目的を確認する（1分）
❷「困ったときや悩んだときにどんな行動をとるか」について2人1組で話す（2分）
**3分**

 **ワーク記入**
❸「どんな人に話を聴いてもらいたいか」を記入する
・その人はどんな言葉を使うか（1分）
（実際に言われた言葉や言われたら嬉しい言葉を具体的に書く）
・その人はどんな非言語を使うか（1分）
**2分**

 **対話実施**
❹ 進め方を確認する
❺ グループで対話する（3〜4名ずつ）

話を聴いて書き足してもOK

Aさんが書いた言語/非言語についてグループ内でシェアする〈1分〉 → 共感した部分を話す〈1分〉

時計回りに全員が同じことを体験します
**10分**

 **振り返り チェックアウト**
❻ グループ内で書いた中から 実践する言語/非言語を1つずつ書く
❼ 気づき・感想・実践する言語/非言語をシェアする
**5分**

● 意見が対立しがち

# 傾聴スタートアップワーク

● どんな人に話を聴いてもらいたいですか？　つい本音を話しちゃう！
話しやすいな〜と思うのはどんな人ですか？

第3章　お互いを知ろう〜話し合う・認め合う〜

その人のことをよ〜く思い出して♥
orイメージしてみて

**言語**　　　　　　　　　　　**非言語**

「〇〇〇」
（具体的な言葉）

（姿勢、動き、表情、
声のトーン、身振り手振りなど）

これを意識して実践します！

**言語**　　　　　　　　　　　**非言語**

# もっと職員同士の理解が深まる
## 価値観発掘ワーク

 所要時間 **20分**

 おすすめ人数 **3人以上**

### 目的
- 大切にしている価値観を**言語化**する
- 対話を通して、**お互いの理解**を深める

### 準備物
- ワークシート（人数分）
- 筆記用具

### さらに効果的に行うためのハッピーポイント
- 正解も不正解もないことを参加者が感じられるようにする
  → 「どの価値観も大切で、どれを選んでも素敵♥」というメッセージを伝える
- 1対1の対話の時間では、聴き手は聴くことに徹する
  → 話したくなる気持ちをグッとこらえて、聴くことに集中する

### ワークのトリセツ★

| | | 目安時間 |
|---|---|---|
| チェックイン | ❶「今日の保育で楽しかったこと」を2人1組で話す（2分）<br>❷ 目的を確認する | 4分 |
| ワーク記入 | ❸ 30の価値観項目から3つ選ぶ（1分）<br>❹ 理由・背景・エピソードを書く（2分）<br>＊「キーワードで簡単な記入でOK」と伝える | 3分 |
| 対話実施 | ❺ 進め方を確認する<br>❻ 対話する<br><br>Aさんが話す / Bさんが聴く <2分> → Bさんが心に残ったことを話す <1分> → お互いに話す <1分><br>↓<br>次はBさんが話し手となり繰り返す | 10分 |
| 振り返り<br>チェックアウト | ❼ ワークをやってみた感想を全体でシェアする | 3分 |

● 意見が対立しがち

# 価値観発掘ワーク

第3章 お互いを知ろう〜話し合う・認め合う〜

● 子どもたちとかかわる中で特に大切にしていることを、直感で**3つ**選んで丸をつけてください！

| 自主性・主体性 | 受容・共感 | 素直・正直 | 生活習慣 | 感情の共有・表現 | 見通し・計画 |
| --- | --- | --- | --- | --- | --- |
| ルール・道徳性 | 自尊心・自己肯定感 | 冒険・挑戦 | 多様な体験 | 多様性・個性 | 尊重・感謝 |
| 丁寧さ | 観察・原因分析 | 信用・信頼 | 遊びこむ・充実感 | 五感の刺激 | 自然・生命尊重 |
| 創造性 | 臨機応変・柔軟性 | メリハリ | 楽しさ・ワクワク感 | コミュニケーション | 自立・できることを増やす |
| 協調性 | 好奇心・探究心 | 愛情・愛着 | たくましさ・忍耐 | 教える | 引き出す |

● どうしてそれを選びましたか？
（理由・背景・エピソードなど。キーワードでもOK）

# もっと園への愛が深まる

## 理念じゅわっと浸透ワーク

**所要時間**
**20分**
（1人の場合3分）

**おすすめ人数**
**3人以上**
1人でもOK

### 目的
- 園の**理念のステキなところ**を発見する
- 職員の**一体感**を生み出す

### 準備物
- ワークシート
- 筆記用具

### さらに効果的に行うためのハッピーポイント

- 理念から読み取った3つのキーワードを宝物にしよう
  ➡ 自分自身が理念をどのようにとらえているかをキーワードでわかりやすく伝える
- 他者の「理念のステキなところ」をどんどん受け取って視野を広げよう
  ➡ 「私はこう思う」と伝えつつ、相手の想いを共感しながら聴く

### ワークのトリセツ★

 **目安時間**

 **チェックイン**
❶ 目的を確認する（1分）
❷ 2人1組で園の理念を思い返しながらワークシートに記入する（2分）
**3分**

 **ワーク記入**
❸ ワークシートに上から順に書き込む
・キーワードを3つ挙げる（1分）
（理念の中にある言葉でも、感じ取った言葉でもOK）
・好きなところ・ステキだと思うところ（2分）
＊1人で行う場合は❸のみ実施
**3分**

 **対話実施**
❹ 進め方を確認する
❺ グループで対話する（3〜4名ずつ）　グループの回答を回答欄に記入する

Aさんから3つのキーワードと好き/ステキについてグループ内でシェアする＜1分＞ → 共感した部分を話す＜1分＞

時計回りに全員が同じことを体験する
**8分**

 **振り返り チェックアウト**
❻ 気づき・感想・理念の好き/ステキだと思うところについてシェアする
**6分**

**おすすめ** 68・69ページのワークと一緒に行うと効果的です

● 意見が対立しがち ●

# 理念じゅわっと浸透ワーク

- 園の理念

**心のメガネで拡大！
もっと詳しく考えてみよう**

- この理念を読み解く大切なキーワードを3つ挙げるとすると……？

- 理念の中の好きなところ・ステキだと思うところ

回答

第3章 お互いを知ろう 〜話し合う・認め合う〜

# もっと園の一体感が生まれる

## 理念さくっと実践ワーク

**所要時間**
**25分**
（1人の場合3分）

**おすすめ人数**
**3人以上**
1人でもOK

### 目的
- 理念の**具体的な実践方法**を対話を通して考える
- 職員の**一体感**を生み出す

### 準備物
- ワークシート
- 筆記用具

## さらに効果的に行うためのハッピーポイント

- 具体的な実践方法を話せば話すほど理念は広がっていく
  → 理念は広い定義なので 保育の実践につなげるステップを検討する
- 理想のチームをイメージして逆算しよう
  → 「理念が浸透しているチームならどう行動するか？」を言語化する

## ワークのトリセツ★

**目安時間**

| | | |
|---|---|---|
| **チェックイン** | ❶ 目的を確認する（1分）<br>❷ 2人1組で園の理念を思い返しながらワークシートに記入する（2分） | 3分 |
| **ワーク記入** | ❸ ワークシートに上から順に書き込む<br>・保育の中で大切にしたいかかわり方・言葉かけ（2分）<br>・具体的な事例（1分）<br>＊1人で行う場合は❸のみ実施 | 3分 |
| **対話実施** | ❹ 進行を確認する<br>❺ グループで対話する（3〜4名ずつ）　仲間の回答を下の欄に記入する<br>［Aさんからかかわり方・言葉かけ・具体的な事例についてグループ内でシェアする＜1分＞］→［どう対応していきたいか、グループで話し合って書く＜3分＞］<br>時計回りに全員が同じことを体験する | 16分 |
| **振り返り チェックアウト** | ❻ 気づき・感想・事例からの対応方法について全体でシェアする | 3分 |

● 意見が対立しがち ●

# 理念さくっと実践ワーク

園の理念

この理念をふまえて
保育現場をイメージすると…？

保育の中でどんなことを
意識していますか？
意識していきたいですか？

★ 保育の中で大切にしたいかかわり方・言葉かけ

● みんなで考えたい・相談したい具体的な事例（現場で悩むあるある）

● 上記★の部分をふまえてどのように対応していきたいか／どんなことを大切にしたいか

第3章 お互いを知ろう〜話し合う・認め合う〜

# もっと職員同士の関係性が深まる
## 理想の関係性ワーク

**所要時間** 25分

**おすすめ人数** 3人以上

### 目的
- 目指したい職員同士の関係性を**言語化**する
- そのためにできることを**考えて実践**する

### 準備物
- ワークシート（人数分）
- 筆記用具

### さらに効果的に行うためのハッピーポイント
- 職員同士の豊かな関係性がよりよい保育につながることを意識しよう
  ➡ 職員同士のよりよい関係が子どもたちに与えるハッピーな影響を言語化する
- 「みんなで決めた！」という過程を大切にしよう
  ➡ やることを1つ決めて園の合言葉にする

### ワークのトリセツ★

 目安時間

 **チェックイン**
1. 目的を確認する（1分）
2. 「仲間と協力した成功体験」について2人1組で話す（2分）

**3分**

 **ワーク記入**
3. ワークシートに上から順に書き込む
   - 目指したい職員同士の関係性（1分）
   - それが実現したら……？（2分）
   - 実現のために意識していきたいこと（1分）

**4分**

 **対話実施**
4. 進め方を確認する
5. グループで対話する（3〜4人ずつ）

| 書いたことについてAさんが話す<1分> |  | 大切だと共感した部分を話す<1分> |

時計回りに全員が同じことを体験する

6. 実現のために職員同士で意識していきたいことを話し合い、1つに決める（3分）

**15分**

 **振り返りチェックアウト**
7. 気づき・感想・意識していきたいことをグループごとにシェアする

**3分**

● 意見が対立しがち

# 理想の関係性ワーク

- 目指したい職員同士の関係性

- それが実現したら、子どもたちにとってどんなハッピーな影響が出てきますか？

そんな職員同士の関係性に
なるためには……？

- 実現のために職員同士で意識していきたいこと

＼これだ！／
みんなで1つに決めよう！

第3章 お互いを知ろう〜話し合う・認め合う〜

# もっと職員のチームワークが高まる
## ステキなところ発見ワーク

**所要時間** 15分

**おすすめ人数** 5人以上

### 目的
- ステキなところをお互いに**伝え合う風土**を育てる
- 職員同士の**関係性**を深める

### 準備物
- ワークシート
- ふせん
- 筆記用具

### さらに効果的に行うためのハッピーポイント
- **よいところではなくステキなところという表現がミソ！**
  ➡ 相手がより受け取りやすい言葉で伝える
- **心地よい体験を日常につなげていく機会にしよう**
  ➡ ステキなところを見つけたら、伝え合い、受け取り合う

### ワークのトリセツ★

 目安時間

 **チェックイン**
① 目的を確認する（1分）
② 「子どものステキな行動・発言」について2人1組で話す（2分）
**3分**

 **ワーク記入**
③ 同僚のステキなところを1人につき2枚以上ふせんに書き出す
【ポイント】
・相手が受け取りやすい言葉を意識する
・記入者がわかるように各自がふせんに名前を書く
**3分**

 **対話実施**
④ 進め方を確認する
⑤ ふせんの内容を1人ずつ読み上げて相手に渡していく

Aさんのもとに集まる ➡ 書いたことを読み上げる ➡ ふせんを直接渡す

時計回りに全員が同じことを体験する
**6分**

 **振り返りチェックアウト**
⑥ メッセージを受け取ってどんなことを感じたかメッセージを伝えてみてどう思ったかをシェアする
**3分**

● 意見が対立しがち

# ステキなところ発見ワーク

● 仲間からもらった自分のステキなところ

(例)

| Aさん<br>子どもの気持ちに<br>寄り添っている<br>　　　ゆうちゃんより | Bさん<br>製作のアイデアが<br>豊富<br>　　　ゆうちゃんより |
|---|---|

| Cさん<br>とにかく明るい<br>　　　ゆうちゃんより | |

等

第3章 お互いを知ろう〜話し合う・認め合う〜

# もっと職員同士の助け合いが増える
## 気づいてくれてありがとう♥ワーク

**所要時間** 15分

**おすすめ人数** 5人以上

### 目的
- 気づきにくい日常の助け合いを可視化する
- 職員同士の関係性を深める

### 準備物
- ワークシート
- ふせん
- 筆記用具

## さらに効果的に行うためのハッピーポイント

- 伝え合うことの大切さを再確認する機会にしよう
  → 相手には言わないと伝わらないので、気づいたことはどんどん伝える
- ありがとうの大旋風で職員の関係性がほぐれる。年度初めにおすすめ！
  → 「〜してくれてありがとう」「気づいてくれてありがとう」とお互いに伝え合う

## ワークのトリセツ★

 目安時間

| | | 目安時間 |
|---|---|---|
|  **チェックイン** | ❶ 目的を確認する（1分）<br>❷「仕事の中で同僚に助けられたこと」について2人1組で話す（2分） | 3分 |
|  **ワーク記入** | ❸ "感謝したいこと"をふせんに記入する<br>・誰かがしてくれていたこと<br>・助けられたこと<br>・ありがたい！と思った仲間の言葉や行動　など<br>【ポイント】<br>・「誰か」がわからない場合でもOK<br>・記入者がわかるように各自がふせんに名前を書く | 3分 |
|  **対話実施** | ❹ 進め方を確認する<br>❺ 1人ずつ順番に読み上げて1つのワークシートにまとめて貼っていく<br>・伝える側は感謝を伝える<br>・言われた側は「気づいてくれてありがとう」と伝える | 6分 |
| **振り返り<br>チェックアウト** | ❻ 全体を通して気づいたことや感想をシェアする | 3分 |

● 意見が対立しがち ●

# 気づいてくれてありがとう♥ワーク

● **職場の中の"感謝したいこと"を集めよう！**
誰かがしてくれていたこと／助けられたこと／ありがたい！ と思った仲間の言葉や行動 など

（例）

> 足りなくなったものを
> すぐに発注してくれる
> Aさん
> 　　　　　ゆうちゃんより

> 新人の頃、落ち込んだ
> ときにいつも優しく声を
> かけてくれたBさん
> 　　　　　ゆうちゃんより

> トイレットペーパーが
> なくなる前に先に
> 取り替えてくれる方に
> 感謝！！
> 　　　　　ゆうちゃんより

第3章　お互いを知ろう～話し合う・認め合う～

# もっと職員同士で応援し合える
## ビジョン言語化ワーク

**所要時間**
**30分**
（1人の場合4分）

**おすすめ人数**
**3人以上**
1人でもOK

### 目的
- ビジョンを実現するための**具体的なアクションを言語化する**
- 伝え合って**他者理解**につなげる

### 準備物
- ワークシート（人数分）
- 筆記用具
- 応援カード

### さらに効果的に行うためのハッピーポイント

- 「なぜ？」を深掘りして、心の中にある大切な考えを表面化しよう
  ➡ 理由まで伝えることで相手により伝わる言葉へと磨いていく
- 理由から話すことで結論の説得力がパワーアップする！
  ➡ グループ内発表の際は①の"なぜ"の深掘りから順に話す

### ワークのトリセツ★

 目安時間

| | | |
|---|---|---|
| **チェックイン** | ❶ 目的を確認する（1分）<br>❷「気になる子ども・保護者・保育者」について2人1組で話す（2分） | 3分 |
| **ワーク記入** | ❸ ワークシートを上から③②①の順に書き込む<br>・どんな保育をしたいか・なぜ・なぜ（2分）<br>・アイデア・小さな一歩（2分）<br>＊1人で行う場合は❸のみ実施 | 4分 |
| **対話実施** | ❹ グループに分かれる（5人以上の場合は3、4名のグループ推奨）<br>❺ 進め方を確認する<br>❻ グループ内で発表する　応援カードは77ページ参照<br><br>Aさんが話す＜2分＞ → Aさん以外が応援カードを記入する＜2分＞ → 書き終わった人から直接カードを渡す＜1分＞<br><br>時計回りに全員が同じことを体験する | 20分 |
| **振り返りチェックアウト** | ❼ 気づき・感想・伝えてみてどうだったか、仲間の想いを聴いてみてどうだったかなどをシェアする | 3分 |

● 意見が対立しがち

# ビジョン言語化ワーク

- どんな保育をしていきたいですか？（どんな園・どんなクラスにしていきたいか）
  ③

- そう考えるのは なぜですか？（理由・背景・奥にある想いなど）
  ②

さらに
- そう考えるのは なぜですか？（理由・背景・奥にある想いなど）
  ①

上記を③実現するために、

- どんなことができますか？ してみたいですか？
  （箇条書きでアイデアを書いてみてください）
  ④

- ④のアイデアを実行するために今この瞬間からできる小さな一歩は何ですか？

　　　まず、⑤　　　　　　　　　　　　　　をします！

第3章 お互いを知ろう〜話し合う・認め合う〜

# もっと職員同士で応援し合える
## ぎゅぎゅっと応援カード

 所要時間
**3分**

 おすすめ人数
**2人以上**

### 目的
- 個々の**応援力**を高める
- **応援し合う**組織の風土を養う

### 準備物
- ワークシート
- ぎゅぎゅっと応援カード
- 筆記用具

## さらに効果的に行うためのハッピーポイント

- 感動・感謝・出番・激励の4つの型を意識しよう
  → 「こんなところに感動した」「〜を学べた」などの具体的な言葉を伝える
- カードをプレゼントして、後から自分で見返すことができるようにしよう
  → 悩んだときやうまくいかなかったときにカードを見返して、前に進む勇気にする

## ♡おすすめの活用方法♡

### ❶ 本書のハッピーワークにて実践
**特におすすめ** 保育の原点ほかほかワーク（32ページ）、価値観発掘ワーク（62ページ）、ビジョン言語化ワーク（74ページ）

### ❷ 職員会議の最後に実践
**たとえば** 行事の振り返りのときに担当者に書く、クラス会議でお互いが書く

### ❸ サプライズで渡しちゃう
**たとえば** 園長やクラスリーダー、「ありがとう」を伝えたい相手に書いて、サプライズで渡す

● 意見が対立しがち ●

## ぎゅぎゅっと応援カード

 ぎゅぎゅっと応援カード

_____ へ  _____ より

### 感動
●1番心に残ったこと、感動・共感したこと、尊敬するところ、素敵ポイント

### 感謝
●相手に感謝を伝えたいこと、自分が学び気づけたこと、感じた気持ち

### 出番
●自分が具体的にサポートできそうなこと、アイデア、考えを深める質問

### 激励
●相手がやる気・勇気・ハッピーに満ち溢れる応援メッセージ♡愛をこめて

日付： 20____年____月____日

第3章 お互いを知ろう〜話し合う・認め合う〜

# 楽しみながら創造力を高める
## 遊びを生み出そう！ワーク

**所要時間** 25分

**おすすめ人数** 3〜5人

### 目的
- 遊びを生み出すことを楽しむ
- 頭を柔らかくして創造力を高める

### 準備物
- ワークシート（人数分）
- 筆記用具
- ブロックなどの玩具
- セロテープ、ハサミ等
- 廃材（紙コップ・色画用紙・袋・空箱・輪ゴム等）
  ※事前に並べておく

## さらに効果的に行うためのハッピーポイント

- 「遊びを生み出す過程」を遊ぼう
  → グループ内で「やってみよう」「いいね！」を繰り返す
- お互いのアイデアをおもしろがろう
  → できあがった作品を並べて、見て回る

## ワークのトリセツ★

 **目安時間**

###  チェックイン
1. 目的を確認する（1分）
2. 2人1組で玩具のブロックで動物を作る（2分）
   ・動物は何でもOK
3. 3〜5人のグループに分かれる
   ・グループはクラスも職層もごちゃまぜがおすすめ
   ・時間がある場合は6人以上のグループも可能

**3分**

###  メインワーク
4. 進め方を確認する（1分）
   ・廃材を自由に選んでグループごとに遊びを作る
   → できた作品を並べて展覧会風にする
5. グループでテーブルに並んでいる廃材を見て使うものを選ぶ
7. 廃材を使った遊びを考える（12分）
8. グループで作品名を考える（1分）
9. グループで作品ができた経緯や遊びなどをシェアする（5分）

**19分**

###  振り返りチェックアウト
10. 気づき・学び・感想を全体でシェアする

**3分**

● 保育がワンパターンになりがち

# 遊びを生み出そう！ワーク

● 完成した作品を撮影して残しておきましょう！

空き箱
×
輪ゴムでギター

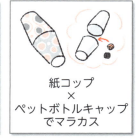
紙コップ
×
ペットボトルキャップ
でマラカス

牛乳パック
×
ストローで
手作りこま

第3章 お互いを知ろう〜話し合う・認め合う〜

# もっと園の強みを活かした保育ができる

## 園内かがやき発見マップ

**所要時間** 20分

**おすすめ人数** 5人以上（多いほどよい）

### 目的
- すでに園にある魅力や強み（＝かがやき）に目を向ける
- 保育実践に向けたアイデア出しを行う

### 準備物
- ワークシート
- ふせん
- 筆記用具

### さらに効果的に行うためのハッピーポイント

- **魅力や強みに目を向けて園への愛を深めよう**
  → さまざまな視点・立場から意見を出し合い、ふせんで可視化する
- **「今ある環境を最大限活かす」という視点で考えよう**
  → 「〇〇したら楽しそう！」というアイデアをどんどん出していく

### ワークのトリセツ★

 目安時間

| | | 目安時間 |
|---|---|---|
|  チェックイン | ❶ 目的を確認する（1分）<br>❷ 「うちの園自慢」について2人1組で話す（2分） | 3分 |
|  ワーク記入 | ❸ 進め方を確認する<br>　①〜④のふせんを書く→貼りながら発表する<br>　→⑤のふせんを書く→貼りながら発表する<br>　→全体でシェアする<br>❹ ふせんに書き出す（3分）<br>　【ポイント】<br>　・ふせん1枚に1つ書く　・たくさん書く<br>　・正解／不正解はないので自由に書く | 3分 |
|  対話実施 | ❺ ①〜④について1人ずつ発表しながらワークシートの枠内に貼っていく（似た項目は近くにまとめていく）<br>❻ ⑤かがやきを活かした保育アイデアをふせんに書き出す（2分）<br>❼ 1人ずつ発表しながらワークシートの枠内に貼っていく | 11分 |
|  振り返りチェックアウト | ❽ 気づき・感想・やってみたいことについて全体でシェアする | 3分 |

● 保育がワンパターンになりがち ●

# 園内かがやき発見マップ

● 園の立地や地域・周辺環境

①

● 園内環境

②

● 保育者の得意なこと・好きなこと・活かせそうな個性（人の名前も記入♥）

③

● 使えそうな保育教材・道具

④

こんな魅力的なうちの園だからこそできる！

● かがやきを活かした保育アイデア

⑤

第3章 お互いを知ろう〜話し合う・認め合う〜

# もっと子ども目線の企画を考案できる
## 子どもどまんなかワーク

所要時間
**30分**

おすすめ人数
**3人以上**

### 目的
- 子どもの立場になりきって考える
- 子ども目線のアイデアを考えるための下準備をする

### 準備物
- ワークシート
- ふせん
- 筆記用具

### さらに効果的に行うためのハッピーポイント

- 架空の子どもを思い浮かべて、より子ども目線になろう
  → その子に「キャサリン」「保育太郎」などの愛着が湧く名前をつける
- 正解も不正解もないので、どんどん意見を出し合おう
  → さまざまな視点から子どもの姿を思い浮かべてふせんに書いていく

### ワークのトリセツ★

 目安時間

| | | |
|---|---|---|
|  **チェックイン** | ❶ 目的を確認する（1分）<br>❷ 3〜5名のグループに分かれる<br>　（クラスごとや乳児クラス・幼児クラスごとなどで<br>　分かれるのがおすすめ）<br>❸ 子どもの名前・年齢をグループ内で考えて記入する | **3分** |
|  **ワーク記入** | ❹ 進め方を確認する<br>❹ ①をふせんに書き出す（2分）→貼りながら発表する（3分）<br>　②〜④も同様に時間を区切りながら行う<br>【ポイント】<br>　・ふせん1枚に1つ書く　・たくさん書く<br>　・正解／不正解はないので自由に書く | **20分** |
|  **対話実施** | ❺ シートを見て気づいたことや感想をグループ内で発表する | **3分** |
|  **振り返り<br>チェックアウト** | ❻ 気づき・感想を全体でシェアする | **4分** |

**おすすめ** このワークシートをもとに84・85ページのワークに取り組むことで保育のアイデア出しを効果的に行うことができます

# 子どもどまんなかワーク

保育がワンパターンになりがち

第3章 お互いを知ろう〜話し合う・認め合う〜

感情や思い、考えていること
発言にはならないが感じていること

生活の中で
見ているもの
出会うもの
眺めているもの
興味を示しているもの

① この子が考え・感じていること

② 見ているもの

④ 聞いていること

名前
年齢

③ 言っていること・やっていること

周囲の人物から聞こえてくる声や音耳に入ってくる情報保育者や保護者から言われていること

どのような発言や行動、振る舞いをしているか
楽しく参加しているのはどんな活動か

# 新しい保育アイデアが生まれる

## 保育アイデア爆発ワーク

所要時間 **30分**

おすすめ人数 **3人以上**

### 目的
- **子どもの立場**になりきって考える
- 子どもたちに**寄り添うアイデア**を生み出す

### 準備物
- ワークシート
- ふせん
- 筆記用具

### さらに効果的に行うためのハッピーポイント
- 子どもの痛みや得たいものの中に遊びのヒントが隠れている
  → 子どもになりきって嫌なこと・やりたいことをふせんにどんどん書き出す
- 「園内かがやき発見マップ」（81ページ）の内容と合わせてアイデア出しをするのも◎
  → 「かがやき」を活かして 子どもに寄り添うアイデアを見つけていく

### ワークのトリセツ★

 目安時間

 **チェックイン**
❶ 目的を確認する（1分）
❷ 3～5名のグループに分かれる
　（クラスごとや乳児クラス・幼児クラスごとなどで分かれるのがおすすめ）
❸ 「子どもどまんなかワーク（83ページ）」について振り返りながら感じたことを話す（2分）
**5分**

 **ワーク記入**
❹ 進め方を確認する
　⑤⑥⑦について、それぞれふせんに書く→貼りながら発表する
❺ ⑤をふせんに書き出す(2分)→貼りながら発表する(3分)
　⑥⑦も同様に時間を区切りながら行う
【ポイント】
・ふせん1枚に1つ書く　・たくさん書く
・正解／不正解はないので自由に書く
**15分**

 **対話実施**
❻ 全体を見て気づいたことや感想をグループ内で発表する(3分)
❼ 「これをやってみよう！」を決めて色ペンで印をつける(2分)
**5分**

 **振り返り チェックアウト**
❽ 気づき・感想・各グループの「これをやってみよう」を全体でシェアする
**5分**

**おすすめ** 82・83ページの子どもどまんなかワークのあとに取り組んでください

● 保育がワンパターンになりがち ●

## 保育アイデア爆発ワーク

名前　　　　　　　　　　　年齢

⑤ **痛み**

不安や恐れを感じていること
避けたいと思っていること

⑥ **得たいもの**

止められているけど本当はやりたいこと・
欲求・理想の状態

第3章 お互いを知ろう〜話し合う・認め合う〜

⑦ ①〜⑥をふまえて、さらに子どもたちに寄り添うアイデア
　（①〜④は83ページにあります）

子どもたちの興味・関心が高いもの
痛みを解消できるもの・得たいものが存分に味わえるもの　等

コラム \ぎゅぎゅっと/ 相談室

# うまく伝わらなかったら、どうする？

えり先生
> ワークをやってみたのですが、反応がよくありませんでした。うまく伝わらなくて……。

ゆうちゃん
> まずは実践されたのがすばらしいです！
> どんな反応だったのですか？

> 職員間のコミュニケーションではこういうことを大切にしないとね！っていう内容（68ページのワーク）だったのですが、「今の私たちを否定されている」ととらえられてしまったようです。そんなつもりはなかったのに……。

> それは悲しいすれ違いですね。一緒に伝え方を考えていきましょう！　まず次の2つをお伝えしますね。

### ❶ 同じ内容でも、とらえ方は千差万別

　同じものを見ても、皆が同じように感じるわけではありません。他者の物事のとらえ方はコントロールできません。でも、人によってとらえ方が違うからこそ、さまざまな意見が出てくるのです。

### ❷ 相手も自分も責めず、客観的に考える

　「今の私たちを否定している」と相手が感じたのは、伝える側のどのような言葉や態度が原因でしょうか。すれ違いが生まれたきっかけに注目しましょう。

なるほど。まずは相手がどうとらえているのかを考えることが大切なのですね。

ステキな気づきですね！ ぜひ、次のぎゅぎゅっと3 Stepも参考にしてみてください。

確認していくことって大切ですね。とらえ方がずれていないか、確認しながらワークを進めていきます。

## うまく伝わらなかったときの ぎゅぎゅっと 3 Step

### Step 1　相手がどんなことを感じているのか・思っているのか最後まで聴く

こちらの意図とのズレが生じている部分を明確にするためには、最後まで丁寧に聴くことが大切です。

### Step 2　「○○ということですか？」と尋ねて確認する

話を聴いた後に「〜ということですか？」と尋ねて、相手が受け取ったことを確認していきます。細かく確認することで、認識の違いをなくしていきます。

### Step 3　「本当に伝えたかったのは……」とクッション言葉を添えて本意を伝える

本意を伝えるときには、伝え方が大切です。「本当に伝えたかったのは……」という言葉を添えることによって、相手の受け取り方を否定せずに、自分の意見をまっすぐに伝えきることができます。

## 参考文献

福島正伸『メンタリング・マネジメント　共感と信頼の人材育成術』ダイヤモンド社、2005年

第 **4** 章

# 違いをつくり出そう

~学びを見つける・小さな一歩を決める・やってみる~

# 園にピッタリの研修ワークの見つけ方

　第4章は、「学びを見つける」「小さな一歩を決める」「やってみる」のワークを掲載しています。

　ふせんを使って意見を出し合うワークや、職員同士で話してやり方を決めるワークなど、より実践的な内容が詰まっています。

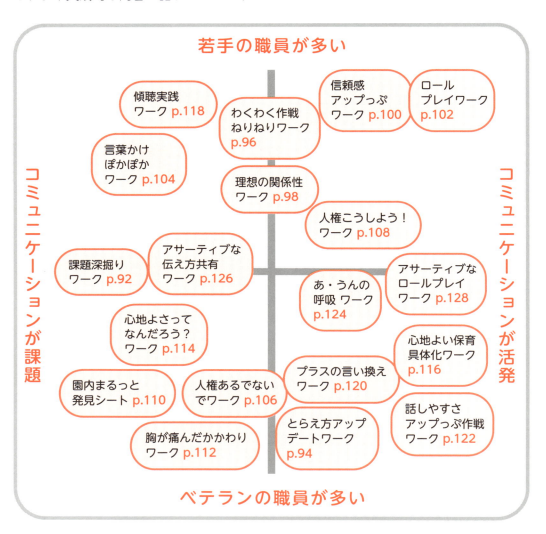

　さまざまな立場・経験・年齢の職員同士で対話をするからこそ、現代に必要な多様な考えに寄り添った行動やかかわり方を考えていくことができます。ここで見つけたステキな"小さな一歩"をどんどん実践して、子ども・同僚・保護者とのコミュニケーションにハッピーな変化をもたらしていきましょう。

職員構成と職員同士のコミュニケーションが活発かという視点から、左のページの
チャートを作成しましたが、園や保護者との課題からもワークを選ぶことができます。

### 園や保護者との課題

● **園の欠点に意識が引っ張られている**
- 園の課題を前向きに洗い出す〜課題深掘りワーク〜
- 園の課題を解決する思考を育てる〜とらえ方アップデートワーク〜
- 園の課題を解決する方法を生み出す〜わくわく作戦ねりねりワーク〜

● **保護者とのかかわり方につまずいている**
- もっと保護者との関係性を深める〜理想の関係性ワーク〜
- もっと保護者から信頼されるようになる〜信頼感アップっぷワーク〜
- 保護者へのよりよい伝え方を検討・実践〜ロールプレイワーク〜

● **保育のとらえ方がバラバラ**
- もっと言葉かけの引き出しが増える〜言葉かけ ぽかぽかワーク〜
- 人権意識を高める〜人権あるでないでワーク〜
- 具体的な行動につなげる〜人権こうしよう！ワーク〜
- よりよい保育のヒントを見つける〜園内まるっと発見シート〜
- もっと子ども理解を保育に活かす〜胸が痛んだかかわりワーク〜
- もっと心地よい保育を実現する〜心地よさってなんだろう？ワーク〜
- 心地よい言葉かけが日常化する〜心地よい保育 具体化ワーク〜

● **気づいたことを伝え合えない**
- もっと本音を引き出し合える〜傾聴実践ワーク〜
- もっと言葉を受け取ってもらえる〜プラスの言い換えワーク〜
- もっと安心安全な雰囲気になる〜話しやすさアップっぷ作戦ワーク〜
- もっと連携がうまくいく〜あ・うんの呼吸 ワーク〜
- 言いづらいことも伝え合える〜アサーティブな伝え方共有ワーク〜
- どんなことも伝え合える〜アサーティブなロールプレイワーク〜

第4章 違いをつくり出そう〜学びを見つける・小さな一歩を決める・やってみる〜

もし、「複数の課題が当てはまる……」という場合には、まずは課題の優先順位を考
えて、それぞれの項目の上から順に取り組んでいくのがおすすめです。

# 園の課題を前向きに洗い出す

## 課題深掘りワーク

**所要時間**
**10分**
（1人の場合3分）

**おすすめ人数**
**2人以上**
1人でもOK

### 目的
- 園の課題を職員間で共有する
- 課題を深掘りして奥にある背景を考える

### 準備物
- ワークシート（人数分）
- 筆記用具

### さらに効果的に行うためのハッピーポイント

- 理由・背景まで考えたら具体的な解決方法が見えてくる
  → ビジネスマンも活用する 原因分析の手法を使う！
- 対象を責めない問いかけ「何がそうさせている？」を使う
  → 冷静に分析するというスタンスで進める

### ワークのトリセツ★

**目安時間**

**チェックイン**
❶ 目的を確認する（1分）
❷「理想の園ってどんな園？」について2人1組で話す（2分）
**3分**

**ワーク記入**
❸ ワークシートを上から順にすべて書き込む
・園の課題（1分）
・何がそうさせている？（1分）
・そもそもそれはなぜ？（1分）

＊キーワードで簡単に書けるところまででOK
＊1人で行う場合は❸のみ実施
**3分**

**振り返り チェックアウト**
❹ 気づいたことを全体でシェアする
**3分**

**おすすめ** このワークで出てきた課題をもとに、とらえ方アップデートワーク（94・95ページ）を行うと効果的です

● 園の欠点に意識が引っ張られている

# 課題深掘りワーク

● 園の課題／もっとこうなったらいいのにな／問題だと感じること

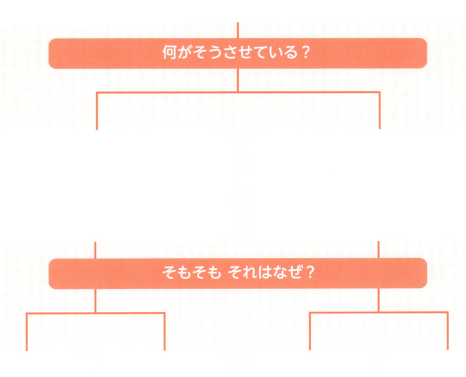

何がそうさせている？

そもそも それはなぜ？

第4章 違いをつくり出そう〜学びを見つける・小さな一歩を決める・やってみる〜

気づいたこと

# 園の課題を解決する思考を育てる
## とらえ方アップデートワーク

**所要時間** 15分
**おすすめ人数** 2人以上

### 目的
- 自分自身が困っていることから園の課題を見つける
- "課題"を"伸びしろ"とプラスにとらえる

### 準備物
- ワークシート（人数分）
- 筆記用具

### さらに効果的に行うためのハッピーポイント

- **課題を整理・分離しよう**
  → 自分ができることと園全体で考えていく必要があることを明確にする
- **"課題があるのは悪いことじゃない"という意識へ**
  → 自分自身も園全体としても"伸びしろ"があるとプラスにとらえよう

### ワークのトリセツ★

| | | 目安時間 |
|---|---|---|
| **チェックイン** | ❶ 目的を確認する（1分）<br>❷「仕事の中で困っていること・悩んでいること」について2人1組で話す（2分） | 3分 |
| **ワーク記入** | ❸ 困っていること・悩んでいることを記入する（1分）<br>❹「それは伸びしろやん！」と伝える<br>　・自分自身の伸びしろを記入（1分）<br>　・園の伸びしろを記入（1分） | 3分 |
| **対話実施** | ❺ 進め方を確認する<br>❻ 1対1で対話する<br>Aさんが話す Bさんが聴く〈1分〉 → Bさんが心に残ったことを話す〈1分〉 → お互いに話す〈1分〉<br>↓<br>次はBさんが話し手となり繰り返す | 6分 |
| **振り返りチェックアウト** | ❼ 気づき・感想を全体でシェアする | 3分 |

**おすすめ** 96・97ページのわくわく作戦ねりねりワークと合わせて行ってください

## とらえ方アップデートワーク

● 仕事の中で困っていること・悩んでいること

### 課題・困りごとは……

☆よりよく成長するチャンス
☆今一度見つめ直すよい機会
☆言ってくれて組織的にプラスしかない

➡ **伸びしろやん！**

課題や困りごとを
"伸びしろ"ととらえると……？

● 自分自身の"伸びしろ"

● 園の"伸びしろ"

# 園の課題を解決する方法を生み出す

## わくわく作戦ねりねりワーク

 所要時間 **20分**

おすすめ人数 **5人以上**

### 目的
- 職員間の対話で園の課題を共有する
- 具体的な作戦のアイデアを出す

### 準備物
- ワークシート
- ふせん
- 筆記用具

### さらに効果的に行うためのハッピーポイント

- まずは自分たちができることを考えることに意味がある
  ➡ 自分事で考えることでさらにアイデアが湧いてくる
- 「考えて終わり」はもったいない！ この場で決めきることに意味がある
  ➡ 「これをやろう！」というものを選んで、期日と担当者を決める

### ワークのトリセツ★

 目安時間

 **チェックイン**
① 目的を確認する（1分）
② 「園の課題（伸びしろ）」について2人1組で話す（2分）
③ 今回取り上げる園の課題を1つ決めてワークシートの中心に書く（1分）
**4分**

 **ワーク記入**
④ 進め方を確認する
　書く→貼りながら発表することを繰り返す
　【ポイント】
　・ふせん1枚につき1つ書く　・たくさん書く
　・正解／不正解はないので自由に書く
⑤ ①をふせんに書き出す（2分）→貼りながら発表する（2分）
　②をふせんに書き出す（2分）→貼りながら発表する（2分）
**8分**

 **対話実施**
⑥ 全体を見て気づいたことや感想を発表する（3分）
⑦ 出てきた作戦の中から1つ選んで「まずはこれをする！」の欄に貼る（1分）
⑧ 「いつまでに？」と「誰が？」を考えて書き込む（1分）
**5分**

 **振り返りチェックアウト**
⑨ 気づき・感想を全体でシェアする
**3分**

**おすすめ** とらえ方アップデートワーク（94・95ページ）と一緒に取り組むと効果的です

● 園の欠点に意識が引っ張られている

## わくわく作戦ねりねりワーク

① 自分たちができること

園の課題（伸びしろ）

② 周りを頼る/
協力してもらうこと

まずはこれをする！　　　　　　　　　　いつまでに？

　　　　　　　　　　　　　　　　　　　誰が？

第4章 違いをつくり出そう〜学びを見つける・小さな一歩を決める・やってみる〜

# もっと保護者との関係性を深める
## 理想の関係性ワーク

所要時間 **20分**

おすすめ人数 **4人以上**

### 目的
- 目指したい保護者との**関係性を言語化**する
- **理想の関係性**のためにできることを検討する

### 準備物
- ワークシート
- 筆記用具

### さらに効果的に行うためのハッピーポイント
- "どうなりたいか"を明確にすると、行動意欲が高まる
  → 目標を明確にして具体的な行動を定める
- 保護者とのよりよい関係が子どもたちのハッピーにつながる
  → 子どもたちがハッピーな状態をイメージしてワークに取り組む

### ワークのトリセツ★

目安時間

**チェックイン**
❶ 目的を確認する（1分）
❷ 「保護者と心が通じ合ったできごと」について2人1組で話す（2分）
**3分**

**ワーク記入**
❸ ワークシートに記入する
・理想的な保護者との関係性（1分）
・それが実現したら……？（2分）
・意識していきたいこと（1分）
**4分**

**対話実施**
❹ 進め方を確認する
❺ グループで対話する（3〜4名）

| 書いたことについて<br>Aさんが話す<br>＜1分＞ | → | 「大切だ」と共感した<br>部分を話す<br>＜1分＞ |

順番に全員が同じことを体験する

❻ 実現のために意識していきたいことを話し合って1つに決める（2分）
**10分**

**振り返り<br>チェックアウト**
❼ 気づき・感想・意識していきたいことをグループごとにシェアする
**3分**

● 保護者とのかかわり方につまずいている

# 理想の関係性ワーク

- ● 理想的な保護者との関係性

- ● それが実現したら、子どもたちにとってどんなハッピーな影響が出てきますか？

保護者との理想的な
関係を築くためには……？

- ● 実現のために職員同士で意識していきたいこと

＼これだ！／
みんなで1つに絞ろう！

第4章 違いをつくり出そう〜学びを見つける・小さな一歩を決める・やってみる〜

# もっと保護者から信頼されるようになる
## 信頼感アップっぷワーク

**所要時間** 25分

**おすすめ人数** 5人以上

### 目的
- 信頼につながる**かかわり方を共有**する
- 園が**大切にする柱**を明確にする

### 準備物
- ワークシート
- ふせん
- 筆記用具

### さらに効果的に行うためのハッピーポイント
- "信頼"について深掘りする
  → 自分が信頼している人をイメージして共通点を見つける
- 信頼につながる行動を4つに分類して意見を出しやすくしよう
  → 具体的になったかかわり方を見て「大切にしたいね」と共有する

### ワークのトリセツ★

 目安時間

| | 内容 | 時間 |
|---|---|---|
|  チェックイン | ❶ 目的を確認する（1分）<br>❷「信頼できる人ってどんな人？」について2人1組で話す（2分） | 3分 |
|  ワーク記入 | ❸ 進め方を確認する<br>❹ ①をふせんに書く（2分）→発表しながら貼っていく<br>　→②を書く（2分）→発表しながら貼っていく<br>　→③を書く（2分）→発表しながら貼っていく<br>　→④を書く（2分）→発表しながら貼っていく<br>【ポイント】<br>・ふせん1枚につき1つ書く<br>・たくさん書く<br>・正解／不正解はないので自由に書く | 12分 |
|  対話実施 | ❺ ワークを通して気づいたことや特に大切だと思ったことを話す（3分）<br>❻ "信頼を深めるために園として大切にすること"を話し合って書き出す（4分） | 7分 |
|  振り返りチェックアウト | ❼ 気づき・感想を全体でシェアする | 3分 |

● 保護者とのかかわり方につまずいている ●

# 信頼感アップっぷワーク

「保護者との信頼関係」を考えたとき、どんな行動が思い浮かびますか？ 4つの視点それぞれに大切にしたいことや実践したいことを書きましょう。

### ① 話の聴き方
（例）最後まで聴く

### ② 伝え方
（例）感謝から伝える

### ③ かかわるときの表情・表現
（例）おだやか、落ち着いたトーン

### ④ 保護者とかかわる機会
（例）保護者会、毎日の送迎時

● 信頼を深めるために園として大切にすること

第4章　違いをつくり出そう〜学びを見つける・小さな一歩を決める・やってみる〜

# 保護者へのよりよい伝え方を検討・実践
## ロールプレイワーク

**所要時間** 30分
**おすすめ人数** 4人以上

### 目的
- 身近な事例に置き換えて**伝え方を考える**
- 学んだ伝え方を**実践に活かす**

### 準備物
- ワークシート（人数分）
- 筆記用具

### さらに効果的に行うためのハッピーポイント
- **「困ったことは相談して大丈夫」という雰囲気をつくる**
  ➡ 話を聞いて、「それは伝え方に悩みますよね」と受け止める
- **客観的に見ていた人の気づきが重要**
  ➡ どんなことに気づいたか、どんな発見があったかをシェアする

### ワークのトリセツ★

**目安時間**

**チェックイン**
1. 目的を確認する（1分）
2. 2人組（または3人組）をつくる
3. 保護者に伝える際に悩んだり困ったりしたことについて話す
   取り上げる内容を1つ決める（3分）

→ 4分

**ワーク記入**
4. 2人（または3人）で保育者と保護者の配役を決めて、実際の会話をロールプレイしながらメモ欄に記入する

→ 9分

**実演タイム**
5. グループごとにロールプレイを発表する
   （動画を撮影してあとから振り返ったり、参加できなかった職員に共有したりするのもおすすめ）
6. ロールプレイからどんなことを学んだか、気づいたかを実演後にシェアする
   全グループが発表する

→ 15分〜

**振り返りチェックアウト**
7. 学び・気づき・今後のアクションを記入する

→ 2分

● 保護者とのかかわり方につまずいている

# ロールプレイワーク

● 保護者に伝える際に悩んだり困ったりしたこと
（例）子ども同士でケガを伴うトラブルがあったときの伝え方

信頼感アップっぷワークで出てきたことを意識しながら、どのように伝えるかを書いてみよう！

ロールプレイでなりきって実演！

メモ欄

第4章 違いをつくり出そう〜学びを見つける・小さな一歩を決める・やってみる〜

● 学び・気づき・今後のアクション

# もっと言葉かけの引き出しが増える
## 言葉かけ ぽかぽかワーク

**所要時間** 16分

**おすすめ人数** 3人以上

### 目的
- 子どもに寄り添う言葉かけのアイデアを増やす
- お互いの言葉かけから学び合う

### 準備物
- ワークシート
- ふせん
- 筆記用具

### さらに効果的に行うためのハッピーポイント
- 「私はこう思う」と伝える アイ（I）メッセージを意識しよう
  ➡ より相手が受け取りやすい表現を心がける
- 「こんなときはどう声をかける？」をみんなで考える
  ➡ 保育中の写真などを活用する

### ワークのトリセツ★

目安時間

**チェックイン**
❶ 目的を確認する（1分）
言葉かけぽかぽか3点セットGKKを一緒に確認する
❷「保育中の言葉かけで大切にしていること」について2人1組で話す（2分）
**3分**

**対話①**
❸ 3～5名のグループに分かれる
＊グループはクラスも職層もごちゃまぜがおすすめ
❹ 具体的な場面を決めて共通点をワークに書き込む（2分）
・こんなときの言葉かけに実際悩んだ
・こういうシーンでどう声をかけるかアイデアを募りたい　など
**2分**

**対話②**
❺ ①をふせんに書き出す（1分）
→貼りながら発表する（1分）
②をふせんに書き出す（1分）
→貼りながら発表する（1分）
③をふせんに書き出す（1分）
→貼りながら発表する（1分）
❻ ワークに取り組んだ気づきや学びをグループ内で話す（2分）
**8分**

**振り返りチェックアウト**
❼ 気づき・感想・実際に使いたい言葉かけについて全体でシェアする
**3分**

104

● 保育のとらえ方がバラバラ ●

# 言葉かけ ぽかぽかワーク

### 言葉かけぽかぽか 3点セットGKK

> 子どもの姿を
> よく見て
> 小さな気づき
> も伝えていく

**G** 具体的
（例）「細かいところまで描いたね」「たくさんの色を使ってるね」

**K** 過程に着目
（例）「時間をかけていっぱい描けたね」「頑張ったね」

**K** 感謝・気持ち
（例）「見せてくれてありがとう」「Aちゃんの絵を見てうれしくなったよ」

具体的な場面をイメージ！

### 言葉かけを考える具体的な場面

（例）4歳児クラスの絵の具遊びをしているAくんが混ざり合った色を見て「ミックスジュースみたい」と表現していた

\言葉かけの/
　アイデア

① G（具体的）


② K（過程に着目）


③ K（感謝・気持ち）

第4章 違いをつくり出そう〜学びを見つける・小さな一歩を決める・やってみる〜

# 人権意識を高める

## 人権あるでないで ワーク

**所要時間** 25分

**おすすめ人数** 3人以上

### 目的
- **人権意識**をさらに高める
- 保育の中で**大切にしたいこと**につなげる

### 準備物
- ワークシート
- ふせん
- 筆記用具

### さらに効果的に行うためのハッピーポイント

- **正解がないからこそ お互いの考えを知るチャンス！**
  ➡ 考えをすり合わせていくことで人権意識を高めていく
- **「〜しない」をひっくり返したら "人権がある" 状態へ**
  ➡ "人権がない状態"をひっくり返して、人権がある状態を思い浮かべる

### ワークのトリセツ★

 **目安時間**

| | | |
|---|---|---|
| チェックイン | ❶ 目的を確認する（1分）<br>❷ 「地球上の辞書から人権という言葉がなくなるとどういう世界になるか？」について2人1組で話す（2分）<br>❸ 3〜5名のグループに分かれる<br>＊グループはクラスも職層もごちゃまぜがおすすめ<br>＊時間がある場合は6名以上も可能 | 4分 |
|  ワーク記入 | ❹ 進め方を確認する<br>❺ ①をふせんに書く（1分）→②を書く（1分）<br>→発表しながら貼っていく<br>→大切にしたいこと・意識したいことを書く（1分）<br>→発表しながら貼っていく<br>【ポイント】<br>・ふせん1枚につき1つ書く<br>・たくさん書く<br>・正解／不正解はないので自由に書く | 13分 |
|  対話実施 | ❻ グループ内で気づき・感想を発表する | 5分 |
|  振り返り<br>チェックアウト | ❼ 気づき・感想を全体でシェアする | 3分 |

**おすすめ** このワークを活かして108・109ページの人権こうしよう！ワークを連続して行うことで「大切にしたいこと」から具体的な行動につながります。

● 保育のとらえ方がバラバラ ●

# 人権あるでないで ワーク

● 保育現場の中で

① 人権がない　　　　　　　　② 人権がある

① ② をふまえて保育の中で大切にしたいこと・意識したいこと

第4章　違いをつくり出そう〜学びを見つける・小さな一歩を決める・やってみる〜

# 具体的な行動につなげる
## 人権こうしよう！ワーク

所要時間
**25分**

おすすめ人数
**3人以上**

### 目的
- 人権意識をさらに高める
- 自分も相手も大切にするかかわり方を考える

### 準備物
- ワークシート
- 筆記用具

### さらに効果的に行うためのハッピーポイント

- 「言える範囲で」「言いたいこと」で大丈夫！
  → 人権がないと感じた経験を表現するのは負荷が大きいので無理なく行う
- 行動につなげることが重要
  → 自分の経験と人権を意識した行動を結びつけて考える

### ワークのトリセツ★

 目安時間

 **チェックイン**
1. 目的を確認する（1分）
2. 「人権あるでないでワーク」（106ページ）をやってみてどうだったかについて、2人1組で話す（2分）
3. 3～4名のグループに分かれる
   * グループはクラスも職層もごちゃまぜがおすすめ
   * 時間がかかっても大丈夫な場合は5名以上も可能

**3分**

 **ワーク記入**
4. ①人権がないと感じた経験を書く（2分）
   ②自分を大切にしてもらえたと感じた経験を書く（2分）

**4分**

 **対話実施**
5. グループで対話する（3～4名ずつ）

   | Aさんが書いた内容についてグループ内でシェアする<2分> | → | 共感した部分を話す<1分> |

   ↓
   順番に全員が同じことを体験する

6. ③行動について書く（1分）
7. ③についてグループ内で発表する（2分）

**15分**

 **振り返り チェックアウト**
8. 気づき・感想を全体でシェアする

**3分**

● 保育のとらえ方がバラバラ ●

# 人権こうしよう！ワーク

● 今までの人生での経験

① **人権がないと感じた経験**
（自分の存在をないがしろにされた、価値観を押し付けられた、悲しい気持ちを味わった 等）

② **自分を大切にしてもらえたと感じた経験**
（必要とされた、認めてもらえた、受け止めてもらえた、
誠実にかかわってもらえた、「ありがとう」と言ってもらえた 等）

③ **人権を意識した行動は？**
（まず声をかけてから抱っこする、相手の話を最後まで聴く　等）

第4章　違いをつくり出そう〜学びを見つける・小さな一歩を決める・やってみる〜

# よりよい保育の
# ヒントを見つける

## 園内まるっと発見シート

 所要時間
**20分**

 おすすめ人数
**5人以上**
進行役がいるとよい

### 目的
- 園内の状況を客観的に把握する
- 「発見」を今後の保育にどう活かすかを考える

### 準備物
- ワークシート
- ふせん
- 筆記用具

### さらに効果的に行うためのハッピーポイント

- "胸が痛んだ言葉やかかわり"は出しにくいのでふせんは進行役が回収して貼る
  → 誰が書いたか特定されないように匿名で書くことを事前に伝える
- ありのままの現状をまるっと受け止めよう
  → "事例を指摘する"よりも"事例から学び合う"のスタンスを共有する

### ワークのトリセツ★

 目安時間

| | | |
|---|---|---|
|  チェックイン | ❶ 目的を確認する（1分）<br>❷ 「ステキだと感じた○○さんの保育」について2人1組で話す（2分） | 3分 |
|  ワーク記入 | ❸ 進め方を確認する<br>❹ ①をふせんに書く（2分）→進行役が回収<br>　②をふせんに書く（2分）→進行役が回収<br>　→進行役がワークシートにまとめて貼る（1分）<br>【進行役が伝えること】<br>・ふせん1枚につき1つ書く<br>・匿名で書く<br>❺ ワークシートをみんなで眺める（2分）<br>　③を書く（1分）→発表しながら貼っていく（1分） | 9分 |
|  対話実施 | ❻ グループ内で気づき・感想を発表する | 5分 |
|  振り返りチェックアウト | ❼ 気づき・感想を全体でシェアする | 3分 |

**おすすめ** 112・113ページの「胸が痛んだかかわりワーク」とあわせて取り組んでみてください。さらに共通理解が深まります。

● 保育のとらえ方がバラバラ ●

# 園内まるっと発見シート
「よい・悪い」を評価せず、現状をありのまま見てみよう！
目的は子どもたちにとってよりよい未来のため♥

● 保育現場の中で

① ステキだと感じた言葉やかかわり　　② 胸が痛んだ言葉やかかわり

第4章　違いをつくり出そう〜学びを見つける・小さな一歩を決める・やってみる〜

③ ①②から学んだこと・意識したいこと

# もっと子ども理解を保育に活かす

## 胸が痛んだかかわりワーク

**所要時間** 30分

**おすすめ人数** 4人以上

### 目的
- 子どもの立場になって考える
- 同僚の体験から学んだことを保育に活かす

### 準備物
- ワークシート（人数分）
- 筆記用具

### さらに効果的に行うためのハッピーポイント

- 他者の経験を聴いて、学びを見つける
  → 気づいたことや学んだことを積極的にメモする
- 「幼少期のかかわりが大切」という気づきにつなげる
  → 大人になったときに幼少期の経験が影響することを再確認する

### ワークのトリセツ★

 目安時間

 **チェックイン**
❶ 目的を確認する（1分）
❷ 「子どもの頃大人から言われて嬉しかった言葉や大人の嬉しかった行動」について2人1組で話す（2分）
**3分**

 **ワーク記入**
❸ 右のワークを上から順にすべて書き込む
  ・子どもの頃（2分）
  ・保育現場でのこと（2分）
  ・その体験を活かすとしたら（2分）
**6分**

 **対話実施**
❹ 進め方を確認する
❺ みんなで輪になって対話する
  （10人以上の場合はグループを分ける）

  Aさんが話す<2分> → Aさんの両隣の人が 学びや気づきを一言ずつシェアする<1分>
  ↓
  全員が同じことを体験する
**16分**

 **振り返りチェックアウト**
❻ 気づいたこと・感想・保育に活かしていきたいことを全体でシェアする
**5分**

## 胸が痛んだかかわりワーク

● 今までの経験の中で胸が痛んだ言葉やかかわり

子どもの頃（生まれてから小学生の頃）

保育現場で見たり聞いたり体験したりしたこと（自分が行ったこともOK）

その体験を活かすとしたら……（または実際に活かしていること）

**同僚の話を聴きながら
どんどんメモしよう！**

他の人の体験から学んだこと、気づいたこと、保育に活かしていきたいと思ったこと

第4章 違いをつくり出そう〜学びを見つける・小さな一歩を決める・やってみる〜

# もっと心地よい保育を実現する

## 心地よさってなんだろう？ワーク

**所要時間** 20分

**おすすめ人数** 2人以上

### 目的
- 心地よさを言語化する
- 言語化したことを保育につなげる

### 準備物
- ワークシート（人数分）
- 筆記用具

### さらに効果的に行うためのハッピーポイント

- 多様な考えに触れ、他者理解を深める
  → 心地よさは人それぞれ異なることを理解する
- イメージしやすい合言葉をつくろう
  → 「○○する保育」という肯定的な言葉にまとめる

### ワークのトリセツ★

 **目安時間**

| | | |
|---|---|---|
|  **チェックイン** | ❶ 目的を確認する（1分）<br>❷「最近あったハッピーなできごと」について2人1組で話す（2分） | 3分 |
|  **ワーク記入** | ❸ ワークを上から順にすべて書き込む<br>・どんな気持ち？（1分）<br>・保育の中で心地よさを感じるとき（2分） | 3分 |
| **対話実施** | ❹ 進め方を確認する<br>❺ 1対1で対話する<br><br>Aさんが①②について話す Bさんが聴く〈1分〉 → Bさんが話す（心に残ったこと）〈1分〉 → お互いに話す〈1分〉<br><br>次はBさんが話し手となり繰り返す<br><br>❻ 4、5人のグループを作る<br>❼ ③大人も子どもも心地よい保育について話し合う（3分）<br>「○○な保育」をグループ内でまとめる（2分） | 11分 |
|  **振り返り チェックアウト** | ❽ 気づき・感想・グループで考えた○○な保育を全体でシェアする | 3分 |

# 心地よさってなんだろう？ワーク

① 自分自身が心地よさを感じるときは どんな気持ちになる？

② 保育の中で心地よさを感じるときは どんな気持ちになる？

**共通点に着目してみよう！**

③ 大人も子どもも心地よい保育ってどんな保育？

心地よい保育とは？

保育

**肯定的な表現で♥**
(例)「〜を大切にした保育」「〜できる保育」
　　「〜がある保育」「〜をする保育」　等

# 心地よい言葉かけが日常化する

## 心地よい保育 具体化ワーク

所要時間　14分

おすすめ人数　4人以上

### 目的
- ステキな言葉かけの引き出しを増やす
- 心地よい保育の実践につなげる

### 準備物
- ワークシート（人数分）
- 筆記用具

### さらに効果的に行うためのハッピーポイント
- 自分の体験をシェアしてお互いの学びにつなげる
  → 他の人の体験から学んだことはメモに残す
- 評価やジャッジをしない
  → 最終的に出た答えよりも、対話の中で仲間と考えるプロセスを大切にする

### ワークのトリセツ★

| | | 目安時間 |
|---|---|---|
| **チェックイン** | ❶ 目的を確認する<br>❷ 自分自身が心地よさを感じる瞬間について2人1組で話す（3分） | 3分 |
| **グループ対話 その1** | ❸ 子どもたちが心地よさを感じる瞬間はどんなときかシートに記入する（2分）<br>❹ 2人1組で書いたことをシェアする（3分） | 5分 |
| **グループ対話 その2** | ❺ 2つの2人組を合併して4人組を作る（4人いないときは3人組でOK）<br>❻ 具体的にどんな言葉かけを大切にしていきたいかを話し合ってシートに記入する（3分） | 3分 |
| **振り返りチェックアウト** | ❼ どんな言葉かけが出てきたかグループごとに全体へ発表する | 3分 |

● 保育のとらえ方がバラバラ ●

## 心地よい保育 具体化ワーク
"心地よさ"とは、
気持ちがよい、穏やか、快適、安心感がある、安楽でいられることです

● 自分自身が"心地よさ"を感じるのはどんなとき？

● 子どもたちが心地よさを感じるときはどんなとき？

**心地よさを常に感じるために**

● 具体的にどんな言葉かけを大切にしていきたいですか？　　（例）「ありがとう」

<u>メモ用</u>

3つ選ぶと……

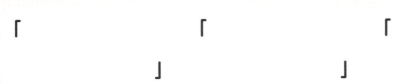

第4章　違いをつくり出そう〜学びを見つける・小さな一歩を決める・やってみる〜

# もっと本音を引き出し合える
## 傾聴実践ワーク

 **所要時間** 18分

 **おすすめ人数** 4人以上

### 目的
- 傾聴とその反対の**両方を体験する**
- **傾聴力**を高めて同僚とのかかわりに活かす

### 準備物
- ワークシート（人数分）
- 筆記用具

### さらに効果的に行うためのハッピーポイント

- 傾聴の反対の体験をすることで、日ごろのコミュニケーションを振り返る
  ➡ 傾聴の心地よさを実践に活かす
- 認識のズレを減らす
  ➡ すれ違いをなくすために確認し、問いかける

### ワークのトリセツ★

 **目安時間**

 **チェックイン**

❶ 目的を確認する（1分）
❷ 2人1組でABの配役を決めてトークする（1分）
　A：好きな食べ物の話をする
　B：目を合わせず、相槌も打たない
　AとBで交代してトーク（1分）
❸ チェックインの気づきや感想を自由に話す（3分）

**6分**

 **対話実施**

❹ 進め方を確認する
　話し手のテーマ：今月の保育の中で印象に残っているできごと
　聴き手：傾聴フレームシートを参考に話を聴く（途中メモをする）
❺ 1対1で対話する

 Aさんが話す Bさんは①を意識して聴く〈1分〉 → Bさんが②の問いかけをしていく〈1分〉 → ③確認しながら話す〈1分〉

　　　　　次はBさんが話し手となり繰り返す

❻ このワークの気づきや普段のコミュニケーションに活かしたいことを話して記入する（3分）

**9分**

 **振り返りチェックアウト**

❼ 気づき・感想・普段のコミュニケーションに活かしたいことを全体でシェアする

**3分**

● 気づいたことを伝え合えない ●

# 傾聴実践ワーク

## 傾聴フレームシート

① **共感**しながら相手の話を聴く
「そう思ったのですね」「それは〜でしたね」といったフレーズを使う

② **相手の話に100％関心をもって**問いかけをする
（例）「もっと知りたい！　そう思うようになった理由は？」
　　　「それでどうなったんですか？」「今後どうしていきたいですか？」等
**取材記者になりきってメモ♥**

メモ用

③ **話が合っているか・求めているものが合っているか**確認する
「〜ということですね」「〜で合っていますか？」

● 普段のコミュニケーションに活かしたいこと

第4章　違いをつくり出そう〜学びを見つける・小さな一歩を決める・やってみる〜

# もっと言葉を受け取ってもらえる
## プラスの言い換えワーク

**所要時間** 20分 （1人の場合3分）

**おすすめ人数** 4人以上 （1人でもOK）

### 目的
- プラスの言い換えの引き出しを増やす
- 言い換えを日々のコミュニケーションに活かす

### 準備物
- ワークシート（人数分）
- 筆記用具

### さらに効果的に行うためのハッピーポイント
- 自分で言葉を考えると日常的に使えるようになる
  → 仲間とシェアすることで引き出しを増やす
- 保護者に伝えるときの言葉のアイデアを見つけよう
  → 視点を変えて相手が受け取りやすい表現にする

### ワークのトリセツ★

 目安時間

| | | | |
|---|---|---|---|
|  | **チェックイン** | ❶ 目的を確認する（1分）<br>❷ 2人1組で「落ち着きがない子ども」をプラスに言い換える（2分） | 3分 |
|  | **ワーク記入** | ❸ ①を上から順にすべて書き込む<br>＊1人で行う場合は❸のみ実施 | 3分 |
|  | **対話実施** | ❹ 2人組を合併して4人組（または3人組）を作る<br>❺ 進め方を確認する<br>❻ ワークシートに書いた内容をグループ内で1人ずつ発表する（5分）<br>＊進行役がいるときは「他の人の「いいな」と思った言葉はどんどんメモするように」と伝える<br>❼ ②を話し合う<br>具体的な言葉を左の枠に書き、プラスに変換した言葉を右の枠に書いていく（6分） | 11分 |
|  | **振り返り<br>チェックアウト** | ❽ 気づき・感想・グループ内で出たプラスに変換した言葉を全体でシェアする | 3分 |

● 気づいたことを伝え合えない ●

# プラスの言い換えワーク

① 次の言葉をプラスの表現に言い換えよう

**特徴編**

遅い → （例）じっくり考えている、丁寧

主張が強い →

意見を言わない →

イタズラばかり →

**声かけ編**

「どうしてわからないの」 →

「走らないで」 →

「いつまで泣いてるの」 →

「〜しない子には〜あげません」 →

② みんなで考えたい！この言葉をどうプラスに変換する？（いくつでも）

→

第4章 違いをつくり出そう〜学びを見つける・小さな一歩を決める・やってみる〜

# もっと安心安全な雰囲気になる
## 話しやすさアップっぷ作戦ワーク

**所要時間** 20分

**おすすめ人数** 5人以上

### 目的
- 話しやすい職場づくりを一緒に考える
- 個人・組織としてできることを明確にする

### 準備物
- ワークシート
- ふせん
- 筆記用具

### さらに効果的に行うためのハッピーポイント
- 「話しやすい職場」のイメージを擦り合わせよう
  → キーワードを複数出し合い、共通認識を深める
- 表情や声のトーンなどの非言語の大切さを再確認しよう
  → 自分自身のコミュニケーションを見つめ直す機会につなげる

### ワークのトリセツ★

| | | 目安時間 |
|---|---|---|
| チェックイン | ❶ 目的を確認する（1分）<br>❷ 「聴き上手な人の特徴」について2人1組で話す（2分） | 3分 |
| メインワーク | ❸ 進め方を確認する<br>❹ ①をふせんに書く（2分）→発表しながら貼っていく（1分）→②③を書く（各2分）→発表しながら貼っていく（2分）<br>【ポイント】<br>・ふせん1枚につき1つ書く<br>・たくさん書く<br>・正解／不正解はないので自由に書く | 9分 |
| 対話実施 | ❺ ワークを通して気づいたことや特に大切だと思ったことを話す | 5分 |
| 振り返りチェックアウト | ❻ 気づき・感想・これをやります！を全体でシェアする | 3分 |

● 気づいたことを伝え合えない ●

# 話しやすさアップっぷ作戦ワーク

① どんなことでも話しやすい職場ってどんな職場？ （キーワードでOK）

(例)
- 「ありがとう」があふれている
- 挨拶が活発
- 裏表がない

そんな職場に向けて
できることをみんなで考えよう

② 1人ひとりができること・
　まずは自分が意識したいこと

③ みんなでできること・
　一緒に意識したいこと

第4章 違いをつくり出そう〜学びを見つける・小さな一歩を決める・やってみる〜

# もっと連携がうまくいく
## あ・うんの呼吸 ワーク

所要時間 **20分**

おすすめ人数 **5人以上**

### 目的
- **声をかけ合う大切さ**を再認識する
- 連携のための**具体的な取り組み**を決める

### 準備物
- ワークシート
- ふせん
- 筆記用具

### さらに効果的に行うためのハッピーポイント

- **声かけがよりよい保育につながることを意識しよう**
  → 声かけのメリットをふせんにどんどん書いていく
- **「こんなふうに声をかけてもらえたらうれしい！」とリクエストしよう**
  → どんな場面でどんな声かけが必要なのか具体的に書き出す

### ワークのトリセツ★

| | | 目安時間 |
|---|---|---|
| **チェックイン** | ❶ 目的を確認する（1分）<br>❷ 「チームワークがよいと感じた瞬間」について2人1組で話す（2分） | 3分 |
| **メインワーク** | ❸ 進め方を確認する<br>❹ ①をふせんに書く（2分）→発表しながら貼っていく（1分）→②③を書く（各2分）→発表しながら貼っていく（2分）<br>【ポイント】<br>・ふせん1枚につき1つ書く<br>・たくさん書く<br>・正解／不正解はないので自由に書く | 9分 |
| **対話実施** | ❺ ワークを通して気づいたことや特に大切だと思ったことを話す | 5分 |
| **振り返り<br>チェックアウト** | ❻ 気づき・感想・これをやります！を全体でシェアする | 3分 |

● 気づいたことを伝え合えない ●

# あ・うんの呼吸 ワーク

① 保育中に声をかけ合って連携することのメリット

(例)
- 安全が確保される
- 業務が分担できる
- 子ども理解につながる　等

そんな職場に向けて
できることをみんなで考えよう

② 声をかけ合いたい（共有したい）具体的な場面は？

(例)
- 手が離せないときやトラブルが起きたとき
- 散歩時の人数確認や車の往来時　　等

③ こんな連携ができたら
さらにハッピー♥

(例)
「～お願いします」
「～してもらえると嬉しいです」と
自分から伝える
「大丈夫？」と声をかけ合う　　等

第4章 違いをつくり出そう ～学びを見つける・小さな一歩を決める・やってみる～

# 言いづらいことも伝え合える

## アサーティブな伝え方共有ワーク

 所要時間 **15分**

おすすめ人数 **2人以上**

### 目的
- 自分も相手も大切にした**伝え方を磨く**
- 人との**かかわりに活かす**

### 準備物
- ワークシート（人数分）
- 筆記用具

### さらに効果的に行うためのハッピーポイント

- 言われたことを"応援メッセージ"ととらえよう
  → 相手が応援だと受け取りやすい伝え方をする
- 相手に共感する言葉が受け取りやすさを生み出す
  → 言葉や行動の理由を想像することを心がける

### ワークのトリセツ★

 目安時間

 **チェックイン**
1. 目的を確認する（1分）
2. 右ページのエピソード、アサーティブな伝え方KITを確認する（2分）

**3分**

 **ワーク記入**
3. 「KITを読んだ感想・自分の伝え方の振り返り」について2人1組で話す
4. 2人組で相談しながら上から順にシートに記入していく
   - K 共感（2分）
   - I アイメッセージ（2分）
   - T 提案する（2分）
5. 普段のコミュニケーションに活かしたいことを記入する（1分）

**7分**

 **対話実施**
5. ワークを通して気づいたことや特に大切だと思ったことを話す

**2分**

 **振り返りチェックアウト**
6. 気づき・感想・普段のコミュニケーションに活かしたいことを全体でシェアする

**3分**

● 気づいたことを伝え合えない ●

# アサーティブな伝え方共有ワーク

"子ども"をまん中にしたステキな保育を願って、本音を伝え合える関係は最強！伝えたことを受け取り合って循環させていきましょう！

エピソード　給食のときに3歳児に対して強い口調で「この野菜を食べない子は年中さんになれません！」と言っている保育者にどのように声をかけますか？

## アサーティブな伝え方KIT

① K　**共感　〜相手の状況・背景に寄り添う〜**
例）「大変ですよね」「〜したいですよね」等

② I　**アイメッセージ　〜感じたことを柔らかく伝える〜**
（例）「私は先生の想いが伝わっていないように感じました」
　　　「私は少し言い方が強いように感じました」等

③ T　**提案する　〜「○○かもしれない」で相手の選択肢を広げる〜**
（例）「○○してみてもいいかもしれないですね」
　　　「○○っていう言い方もありかもしれないですね」等

● 普段のコミュニケーションに活かしたいこと

第4章　違いをつくり出そう 〜学びを見つける・小さな一歩を決める・やってみる〜

# どんなことも伝え合える

## アサーティブなロールプレイワーク

**所要時間** 30分

**おすすめ人数** 6人以上

### 目的
- 身近なできごとに置き換えて考える
- 学んだ伝え方を実践に活かす

### 準備物
- ワークシート（人数分）
- 筆記用具

### さらに効果的に行うためのハッピーポイント
- それぞれの役になりきって本気で演じてみよう
  → そのうえで、「言われてどうだったか」「言われてみてどう感じたか」を伝え合う
- ビデオで自分の伝え方を客観的に見て学ぼう
  → ロールプレイの様子をビデオで撮影しておく

### ワークのトリセツ★

 **目安時間**

**チェックイン**
1. 目的を確認する（1分）
2. 3人組（もしくは2人組）を作る
3. 「言いにくい……」「どうやって伝えよう……」と悩んだできごとについて話す
   ワークで取り上げるエピソードを1つ決める（3分）

**4分**

 **ワーク記入**
4. 3人でABC（もしくはAB）の配役を決めて、実際の会話を想定しながらロールプレイをしてセリフをメモ欄に記入する

**9分**

 **実演タイム**
5. グループごとにロールプレイを実演する
6. ロールプレイから学んだことや気づいたことをシェアする
   発表者以外の人も感想をシェアする
   全グループが繰り返す

**15分〜**

 **振り返り チェックアウト**
6. 学び・気づき・今後のアクションを記入する

**2分**

● 気づいたことを伝え合えない ●

# アサーティブなロールプレイワーク

● 「言いにくい……」「どうやって伝えよう……」と悩んだエピソード

（例）
散歩の準備中になかなか靴下をはかない
子どもに対して厳しくかかわる場面　等

アサーティブな伝え方（KIT）を
意識すると、どのように伝えますか？
実際の会話をイメージしてセリフを
書いてみよう！

保育者A
Bさんの様子を見ていてBさんに言いづらいことを伝える

保育者B
Cさんに対して
気になる言動をする

Cちゃん（子ども）
言われる子どもの
立場を体験する

ロールプレイでなりきって実演！

メモ欄

第4章　違いをつくり出そう〜学びを見つける・小さな一歩を決める・やってみる〜

（例）
保育者B「早く準備しないと置いていくよー。一人でお留守番ね」
Cちゃん「先生やって〜」と困った表情
保育者A「B先生がリーダーのときはいつも早く出発できて助かっています。でも、Cちゃんは困っているように見えるので、少しサポートしたら先生の気持ちが伝わるかもしれませんね」

● 学びや・気づき・今後のアクション

コラム \ぎゅぎゅっと/ 相談室

# さらに対立が深まったら、どうする？

えり先生: 園内で、若手とベテランが対立しているように感じて、どうしたらよいのか悩んでいます……。私はどちらでもない立ち位置です。

ゆうちゃん: 中間的な立ち位置って大変ですよね。その対立は、保育に対する考え方の違いからきているのですか？

そうなんです。こんなときこそ対話を！　と思ったのですが、対話をすればするほど、溝が深まってしまうようで……。

それは悲しいすれ違いですね。一緒にかかわり方を考えていきましょう！　まず、この2つを押さえてください。

## ❶ "違うからこそよい"という風土が必要

もし、全員が同じものが好きで同じことが得意だとすると、気は合うかもしれないけど、偏りができてしまいますよね。さまざまな考え方の保育者がいることによって、幅広い子どもたちの気持ちに寄り添える組織となっていけるでしょう。

## ❷ 意見はバラバラでも、共通認識があれば大丈夫

保育の手法はたくさんあります。意見ややり方が異なっていても、保育者として大切にしたい想いを共有したうえで、園の理念が浸透すれば、チームワークは高まっていきます。

対立しているのをどうにかしなくては……と焦る自分に気づきました。"違い"が輝き合う組織にしていきたいです！

そう考えていることが、ステキな組織への源だと思います！　ぜひ、次のぎゅぎゅっと3Stepも参考に取り組んでみてください。

## 対立が深まりそうなときの ぎゅぎゅっと 3Step

### Step1　対立の原因を深掘りする

対立している両者から個別に聞き取ったり、ワークシートを活用したりして、対立の原因を明確にしていきます。特におすすめのワークは、「価値観発掘ワーク」（62ページ）「課題深掘りワーク」（92ページ）です。

### Step2　受け止めて感謝を伝える

それぞれの言い分の奥には、「もっとこうしたほうがいいのに」「保育をよくしたくて私はこう思っているのに……」など、現場のことを考えるからこその感情があることがほとんどです。「現場のことを考えてくれてありがとう」と感謝を伝えて、受け止めていきたいですね。

### Step3　"よりよい保育"を共通のゴールに設定する

あくまでも最大のゴールは"よりよい保育"を行うことです。根本的な解決を目指す理由は、このゴールを叶えるためです。「みんなで協力し合いゴールを目指していこう」と伝えて、まず明日からやってみる具体的な行動を考えていきましょう。

確かに、お互いに足を引っ張り合いたいわけではありません。共通のゴールを改めて提示して、ゴールまでに必要なことを実践していきます！

第4章　違いをつくり出そう〜学びを見つける・小さな一歩を決める・やってみる〜

## 参考文献

佐治守夫・飯長喜一郎編『ロジャーズ クライエント中心療法　カウンセリングの核心を学ぶ 新版』有斐閣、2011年

平木典子『アサーション入門　自分も相手も大切にする自己表現法』講談社、2012年

## ······ おわりに ······

　最後までお付き合いいただきありがとうございます。皆さんの園の課題にフィットするワークと出会えましたでしょうか。本書が皆さまの園がさらに輝く一助となりましたら幸いです。
　ここで、書籍出版までの経緯をお話しさせてください。
　私は、9歳年下の弟が生まれたことがきっかけで保育の道を志しました。
　固定観念にとらわれない弟の新鮮な視点が大好きで、弟と一緒にいると、多くの学びがありました。だからこそ、子どもの視点を大切に、ともに成長する保育者になりたいと思ったのです。そして、就職を機に故郷の徳島から上京しました。
　保育者として子どもたちと過ごした日々は、本当に幸せな瞬間ばかりだったのですが、大人同士の悲しいすれ違いを見聞きしたり、自分自身も保育観のすれ違いで傷ついたりしたことがありました。「自分はダメだ。子どもは好きだけど、保育者には向いていない」という言葉もたくさん聞きました。
　保育現場での経験を通して感じたのは、「保育者の笑顔が子どもたちの笑顔や保護者の安心感につながる」ということです。そこで、「保育者に寄り添いたい」「すでにあるステキな想いを引き出したい」「保育で輝く自分自身を好きであってほしい」という想いから、株式会社ぎゅぎゅっとハッピーを設立しました。
　そして、チームワークを高める対話型の研修プログラム「ぎゅぎゅっとハッピー研修」を通して、年間3000人以上の保育者が自分自身に100点満点をプレゼントする姿を見てきました。「もっと成長したい」「保育でこんなことしたい」と前向きな保育者の笑顔に、私自身が前に進む勇気をいただいてきました。

　私は、保育現場から、悲しい自己否定を減らしたいと思っています。
　ぎゅぎゅっとハッピーのビジョンである「誰もが自分のことをやさしく抱きしめる社会の実現」に向けて、今後もより一層精進してまいります。

　最後になりますが、本書は、まだまだ未熟な私に的確なご指導・アドバイスをいただいた保育・教育関係の皆さま、今まで研修を受講してくださった保育者の皆さま、私を信じてともに進むぎゅぎゅっとハッピー研修講師養成講座受講生の仲間たち、そして中央法規出版のご担当者様のお力をもとにできあがった一冊です。すべてのご縁に心から感謝申し上げます。

2025年2月　三原勇気

## 著者紹介

### 三原勇気（みはら　ゆうき）

1993年生まれ。徳島県出身。

東京都内の公立保育園、私立保育園での保育士経験を経て、2021年に株式会社ぎゅぎゅっとハッピーを設立。

「誰もが自分のことをやさしく抱きしめられる社会の実現」をビジョンに掲げ、年間3000人以上の保育者にチームワークを高める対話型研修を実施している。講師養成も行い、自己受容を育むぎゅぎゅっとハッピー認定講師が約20名在籍している。

全国のステージや商業施設、保育施設などで、延べ2万人以上の親子に"ハッピーダンス"のイベントを開催。

子どもを取り巻くすべての環境のハッピーを広げるために大暴れ中！

協力者　　　保育士・ぎゅぎゅっとハッピー認定講師　保坂明美
　　　　　　保育ウェルビーイングパートナー・ぎゅぎゅっとハッピー認定講師　福井美里


日本一ハッピーな研修講師が伝える
## チームワークがぐんぐん高まる保育のハッピーワーク50

2025年 3月20日　発行

著　　　者　　三原勇気
発 行 者　　荘村明彦
発 行 所　　中央法規出版株式会社
　　　　　　〒110-0016　東京都台東区台東3-29-1　中央法規ビル
　　　　　　TEL 03-6387-3196
　　　　　　https://www.chuohoki.co.jp/

印刷・製本　　　　　　株式会社ルナテック
本文・装丁デザイン　　澤田かおり（トシキ・ファーブル）
イラスト　　　　　　　くどうのぞみ

定価はカバーに表示してあります。
ISBN978-4-8243-0194-9

本書のコピー、スキャン、デジタル化等の無断複製は、著作権法上での例外を除き禁じられています。また、本書を代行業者等の第三者に依頼してコピー、スキャン、デジタル化することは、たとえ個人や家庭内での利用であっても著作権法違反です。
落丁本・乱丁本はお取り替えいたします。
本書の内容に関するご質問については、下記URLから「お問い合わせフォーム」にご入力いただきますようお願いいたします。
https://www.chuohoki.co.jp/contact/

A194